古代山城へのいざない

江藤一郎

海鳥社

扉写真：御所ヶ谷中門（夏）
　　　　西側の石塁部分は二段構えになっている。
　　　　中央下部に水門が見える

はじめに

我が家の前に、御所ヶ岳《ごしょがたけ》という標高二四〇メートル余りの山がある。この山の山頂を含む尾根からは、幾筋もの谷が派生するので、これらの谷とその尾根を総称して「御所ヶ谷」と呼んでいる。「御所」という名前がついているのは、その昔、第一二代景行天皇が九州に熊襲《くまそ》征伐に来たとき、ここに京《みやこ》を置いたという『日本書紀』の記載に由来するようだ。

さて、その御所ヶ谷を北側の麓から見ると、なだらかな山並みが東から西に連なっており、静かで落ち着いたたたずまいを見せる。北側から山頂に登る途中からは、眼下に京都《みやこ》平野を、東側に周防《すおう》灘を、また北側遠くには「平尾台《ひらおだい》」を一望できる。御所ヶ岳山頂に立つと、北側は樹木に遮られて、眺望はよくないが、南側の犀《さい》川《がわ》方面は眼下に一望でき、絶景である。天気のよい日に山頂で弁当を食べながら、平成筑豊鉄道の車両がコトコト音を立てて走っているのを見ていると、のどかな気分になる。時折、頭の上を鳶が舞っている。

ところが、このようなのどかな気分も、山頂の南側に立ち、真下に目をやると、岩肌が剝き出しで、絶壁であるのがわかって、思わず鳥肌が立つことになる。北側は樹木に覆われて見えにくいが、これもよく見ると、かなりの急勾配であることがわかる。そのような目で更によく見てみると、この山のあちこちに大きな岩や石がゴロゴロ転がっていたり、剝き出しになっているのに気づく。この山は本当は荒々しい山なのだ。

この荒々しさとは、一見異質に感じられるが、実はよくマッチしているように思えるのが、この山の所々にある石垣である。大きさはいろいろであるが、これらの石垣は、以前は「中の御門《ごもん》」とか「東の御門」とか「西の御門」とか呼ばれていた。「御門」の名称が、景行天皇に由来することはいうまでもない。

そして、「東の御門」を過ぎて少し登った所に、水晶谷と呼ばれるところがあり、私は小学生の頃、友達と一緒に、或いは一人で、よく水晶を探しに行っていた。一日探しても、小さいのがせいぜい一〇個取れるくらいであったが、その透明な石は魅力的で、友達と見せ合っていた。

この水晶谷に至るには、いくつかのルートがあり、住吉池のほとりから「東の御門」まで直登するのが最短で、私もこれをよく利用したが、「中の御門」を経由して「東の御門」に至るルートも利用していた。

それゆえ、これらの「御門」は、私にとっては、なじみのものであり、景行天皇に由来する遺構であるとは漠然と理解していた。またこの「御門」は神籠石《こうごいし》とも言われており、この名称でも親しんでいた。

しかしながら、その後、景行天皇が伝説上の人物らしいとわかってくると、では一体誰が何のためにこのようなものを造ったのかという疑問が私の頭にずっと残っていた。

一九九〇年代になって、行橋市が発掘調査を始め、私も調査結果を聞くことができたが、一番印象的だったのは、神籠石が言い伝え通り、本当に山をずっと取り囲むように連続していたこと、その神籠石の上を何層も土を突き固めた版築土塁が覆いかぶさるように、これも連続していたことである。それまで、神籠石は連続していると聞いてはいたが、実際に見えていたのは、水晶谷の下の東斜面くらいであり、それが何百メートルも続いているのは驚きであった。

そこで、改めてこの遺構が誰によって何のために造られたのか、この疑問が頭をもたげてきた。行橋市の報告書では、朝鮮半島の情勢が緊迫してきた七世紀中頃に造られ始め、白村江の戦い（六六三年）以降も工事が継続されたとしているが、中門の石の精緻な加工の仕方・積み上げ方は、とても緊迫した状況下で急いで造ったものとも思えず、時期が違うのではないか、と思われた。

数年前、定年を迎え、時間に余裕ができてから、この長年の懸案に取り組もうと考え、文献をあたってみると、御所ヶ谷以外にも二十数カ所このような遺跡（古代山城《こだいやまじろ》）が発見されていることを知った。そこで、他の古代山城の状況も調べてみたくなり、折りをみて、少しずつあちこち訪ねて、それぞれの特徴をまとめてきた。それが、本書後半の各山城についての記載である。

今まで一部を除き、ほぼすべての古代山城を踏査してきて、古代山城の特徴は捉えられたと思っており、これを一冊の本としてまとめて、紹介したいと考えた。

御所ヶ谷中門は、雄大かつ精緻である。鬼城山《きのじょうさん》の屏風折れの石垣や復元された西門にも圧倒される。こういったすばらしい遺跡が千数百年前に造られたというのは、まさに驚異である。

私は、専門家でもなければ、発掘調査をした経験もないが、こうしたすばらしい遺跡を身近に親しんできた者として、まだ知らない方々にも是非ともそのすばらしさを知ってほしいと願っている。これが、私が本書を書いた第一の理由である。

次に、ひと口に古代山城といっても、今から千数百年も前の築造であり、わからないことばかりである。神籠石式山城と言われているものは、いつ誰が造ったのかさえわからない。どういう基準で選地をしたのかも疑問が多い。こういった疑問に私なりに考えたことをお伝えしたい、というのが第二の理由である。

第三の理由は、古代山城は長い間、歴史に埋もれてきた。それが、一九九〇年代から各地で保存整備を目的とした発掘調査が進められたことや、折りからの古代史ブームに乗って、古代山城が注目されるようになった。ようやく古代山城に光が当てられる時代がやってきたのだが、ではその古代山城を今後どのように生かしたらよいだろうか。これについての私の考えも整理してみた。

古代山城。一部の山城は建物や門が復元されているが、大部分は石垣や版築土塁しか残っていない、目だたない地味なものではあるが、大きなものは周囲八キロメートルに及ぶ、日本人が歴史上造り上げた最大の構造物である。もっと注目され、親しまれて然るべきものだと考える。今回の私の紹介により、一人でも多くの人が興味を持って訪れてくだされば、有難いと思う。

古代山城へのいざない◉目次

日次写真：御所ヶ谷全景
右側中腹から中央山頂にかけて山城が廻っている

I

古代山城概説

鬼ノ城の屛風折れの石垣。断崖の上に構築。石は
大小混在しており、大野城と似た印象を受ける

熊本地震（2016年）前、美しい佇まいの熊本城

平城と山城

いわゆる「城」とは、辞書を引くと、「敵を防ぐために築いた軍事的構造物」と定義されているが、我々がこれによって、すぐに思い浮かべるのは、大阪城・姫路城・熊本城といった豪華絢爛たる城である。これらは、もちろん防禦のためもあるが、その地域のシンボルとして人々を集め、威圧する効果もある。これらは平地に造られた城で「平城《ひらじろ》」と呼ばれており、現在も名所として観光客が多く訪れるところである。最初に造られた平城は、織田信長の安土城であると言われるが、これは戦国時代も終息に向かい、世の中が安定に向かってからのことである。

戦国時代もそれ以前はもっぱら「山城《やまじろ》」であった。山城は、山の中腹や山頂の一角に構造物を築くものである。山城は、攻めるに難く、守るに有利であるが、一方では、兵糧や水の確保が難しいという難点がある。日本では、中国のように、平地に自然条件を利用して侵入困難な高い城壁を築き、その中で人々が生活する習慣は根付かなかった。

一例を挙げると、中国前漢時代の首都長安城では、周囲二五

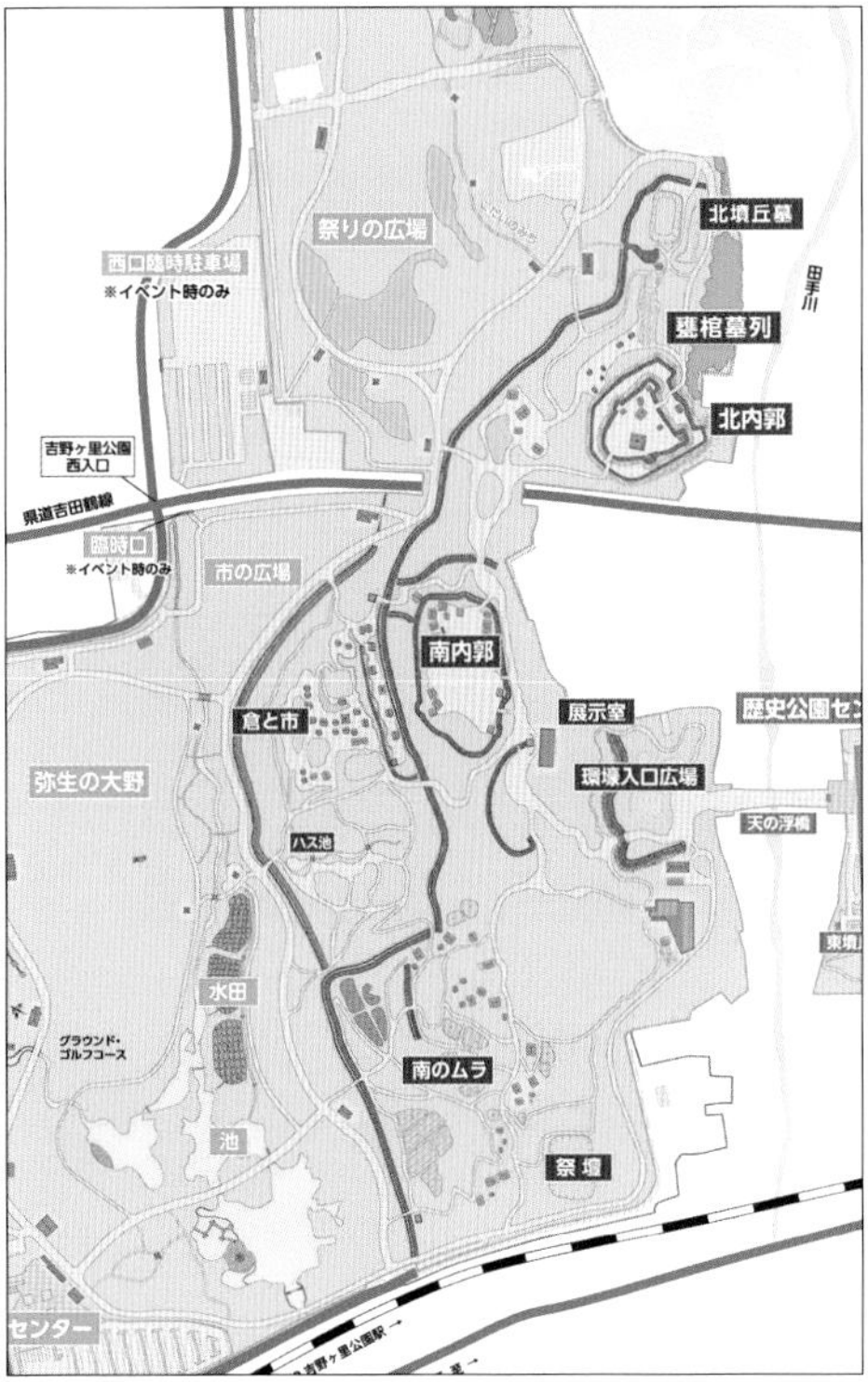

吉野ヶ里遺跡の配置図。小高い丘の上に築かれている（国営吉野ヶ里歴史公園提供）

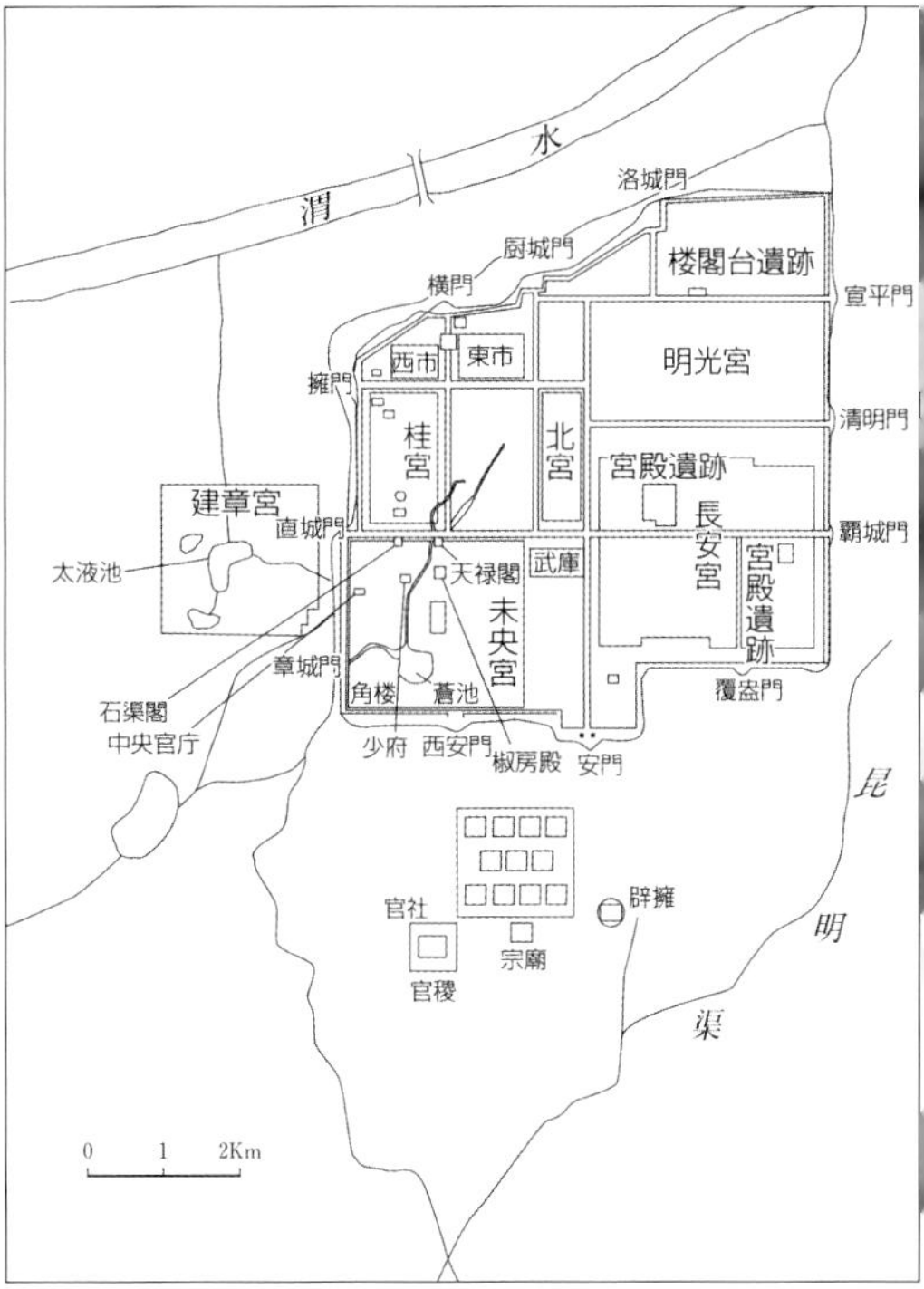

前漢長安城の配置図。上方を渭水が流れており、そのほとりに築かれている（『中国の歴史03』をもとに作成）

・七キロにも達する城内に、皇帝・皇族・官僚・商人・市民など二五万人が居住していた。日本でも、後述の環壕《かんごう》集落では、外壕で囲まれた集落内に、集落の首長やその家族・一般人が暮らしていた。しかし、日本列島最大規模と言われる吉野ヶ里遺跡でも、その人口は、せいぜい三〇〇人程度（周辺地域を含めても五〇〇〇人程度）であり、大人数が暮らせるものではなかった。時代が下って人口が増えると、これでは対応できずに、通常は山裾の平地で生活しながら、危急の場合に山の上の城に逃げ込む方式に変わっていった。

　これは、中国では平地が広大で、天然の防禦となるのは川くらいしかなかったのに対して、日本は逆に大人数が逃げ込める平地が少なく、また川幅も狭いので、山を利用するしかなかったという事情であろう。

　しかし、その山城でも、今から一三〇〇年以上前に造られた山城があることは、それほど知

御所ヶ谷神籠石空撮。古代山城の全体像が摑める（行橋市教育委員会「調査報告書」より転載の画像に、著者が名称を記入。行橋市教育委員会許可）

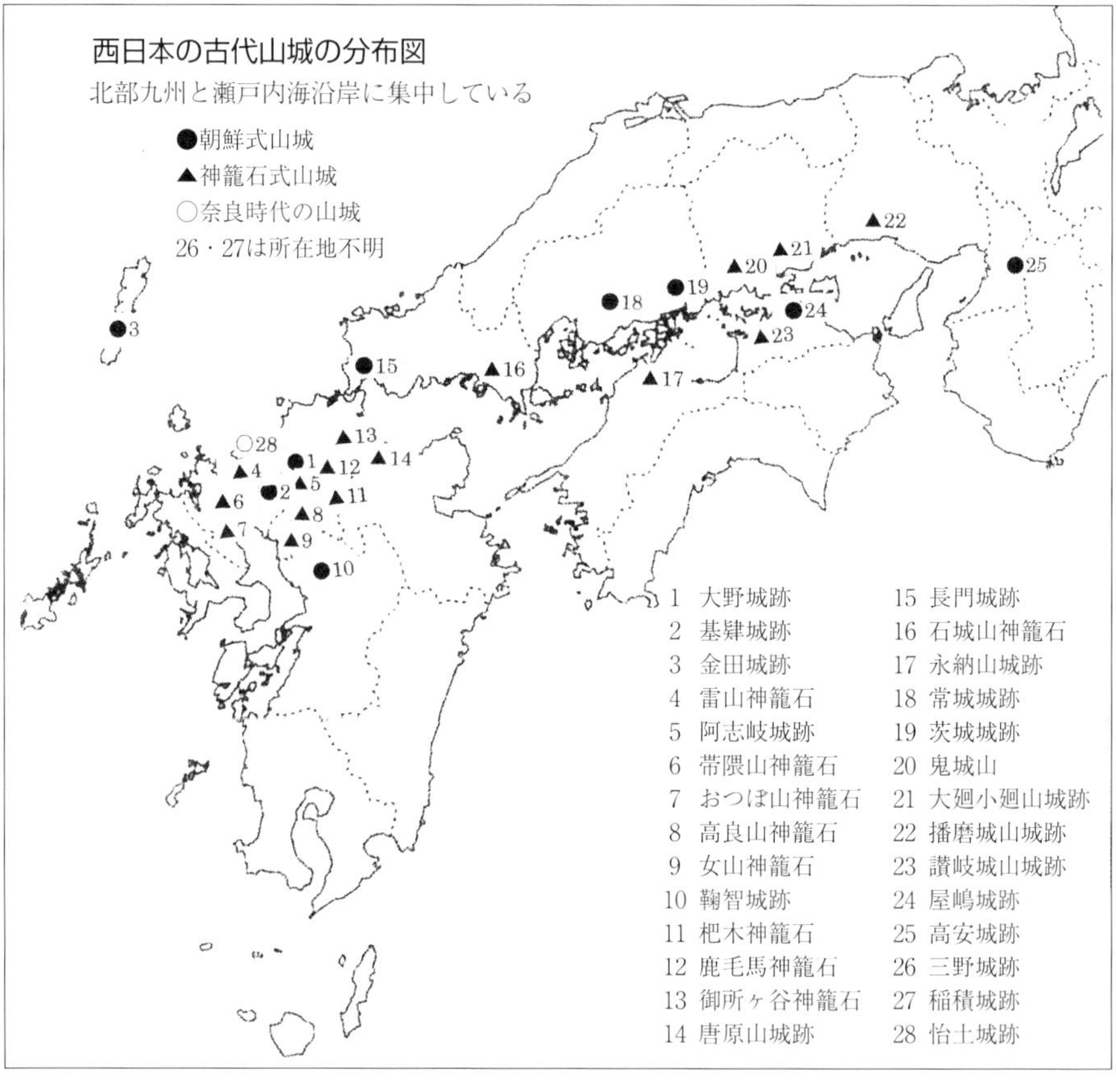

西日本の古代山城の分布図
北部九州と瀬戸内海沿岸に集中している
●朝鮮式山城
▲神籠石式山城
○奈良時代の山城
26・27は所在地不明
1 大野城跡
2 基肄城跡
3 金田城跡
4 雷山神籠石
5 阿志岐城跡
6 帯隈山神籠石
7 おつぼ山神籠石
8 高良山神籠石
9 女山神籠石
10 鞠智城跡
11 杷木神籠石
12 鹿毛馬神籠石
13 御所ヶ谷神籠石
14 唐原山城跡
15 長門城跡
16 石城山神籠石
17 永納山城跡
18 常城城跡
19 茨城城跡
20 鬼城山
21 大廻小廻山城跡
22 播磨城山城跡
23 讃岐城山城跡
24 屋嶋城跡
25 高安城跡
26 三野城跡
27 稲積城跡
28 怡土城跡

られていない。その山城――「古代山城《こだいやまじろ》」という――は、中世から戦国時代の山城が山頂や山腹・山裾の一角に築かれているのに対して、山全体を取り込んだ大規模なものである。大きなものは、周囲八キロにも及ぶ。こんな大きな山城が、現実に西日本には二三カ所（文献ではさらに五カ所）で発見されている。

このような山城は、一体何の目的で造られたのだろうか。その歴史的背景を考古学や我が国及び中国の文献をたよりにしながら、順次探ってみよう。

古代山城に至る歴史

縄文時代から弥生時代へ

日本列島には旧石器時代から人が住みついており、場所を移動しながら、長らく狩猟採集生活を営んでいた。その後、縄文時代の終わり頃になって稲作が伝来し、ようやく定住生活を送れるようになった。稲作の伝来については、発掘の技術が進んできた結果、近年の調査でその開始時期がますます早まっており、紀元前五世紀くらいから開始されたことが判明している。

稲作は集団で行う必要がある。もっとも、縄文時代の狩猟採集生活でも集団はあったはずだが、それは家族や親戚、あるいはこれに準ずる程度の小集団であった。ところが、稲作をするようになると、年間の耕作計画の策定に始まり、水田の耕作や水の配分などに多くの労働力や管理力が必要になり、集団の規模も必然的に大きくなった。そうなると、土地や水の使用などの争いが増加し、それをうまく捌《さば》く統率力や管理能力を持った首長（王と言うべきか）が必要とされるようになった。また、自分たちの集団を他の集団から守るため、境界を明確にすることも行われるようになった。こうして生まれてきたのが、環壕《かんごう》集落である。環壕は防禦の目的だけでなく、共同体としての集団意識を強める、という機能もあったようだ。

環壕は、具体的には、水田の範囲を画するようにV字型の壕を掘ったもので、内壕《うちぼり》と外壕《そとぼり》の二重構造のものもある。壕のなかには水が貯められているものもある。これを環濠集落といい、低地を水田にする過程で、より低い場所に生まれたものである。

高地性集落と言われるものも、この低地の環濠集落とともに出てくるものだ。高地性集落とは、文字通り、小高い山の頂上や丘陵上に立地する集落である。深いV字型の壕をめぐらし、自然の要害を取り込んだ、まさに防御を第一に考えたものである。高地性集落は軍事的な緊張の高まりとともに、瀬戸内海沿岸から大阪湾沿岸にかけて、相次いで造られ始める。これらの集落の中では、首長やその家族の他一般人なども居住していたが、通常の生活の中で結びつきの強い人々で構成されていた。

環壕（濠）集落と高地性集落は、日本で最初に造られた防御施設である。

これらの集団は互いに競争や争いを繰り返しながら、次第にまとまっていき、国と言えるレベルになった。中国の史書である『漢書《かんじょ》』地理誌は、こうした我が国の状況について、「楽浪《らくろう》海中に倭人あり。分かれて百餘国をなし、歳時を以て来たり献見すという」と記載している。楽浪郡とは、中国が今の平壌付近を中心に設置した行政区域である。その楽浪郡の向こうにある海の中に、倭人が住む国がある、その国は一〇〇国以上に分かれて、毎年中国に朝貢している、という内容である。「百餘国」は、実際に一〇〇国余りの国があったということではなく、数が多いというくらいの意味である。また、「献見す」とは、物を献上してまみえる、ということであるが、前漢の時代に倭人が中国に朝貢したという事実はないようだ。それゆえ、国としてではなく、民間人である商人などがかかわっていたのかもしれない。

文献上、初めて我が国が中国に朝貢したのは、後漢の初代光武帝の建武中元《けんむちゆうげん》二（五七）年のことである。

志賀島と発見された金印
（提供：志賀島＝福岡市、撮影者：Fumio Hashimoto。金印＝福岡市博物館）

『後漢書《ごかんじょ》』光武帝記によると、建武中元二年正月、東夷《とうい》の倭《わ》の奴《な》国王が使いを遣わして奉献したという。この時期、百餘国に分かれていた倭国は奴国のもとに統合されていたと思われる。この朝貢は成功し、奴国は光武帝から「漢委奴国王《かんのわのなのこくおう》」の印綬を賜わった。これが、江戸時代に博多湾に浮かぶ志賀島から出土した金印である。

奴国の地位はしばらく安定しており、この五〇年後の安帝の永初元（一〇七）年、倭国王（奴国王であろう）の帥升《すいしょう》らが生口《せいこう》（戦争で捕虜となり、奴隷になったもの）一六〇人を献じて、皇帝に面会を求めている（『後漢書』安帝紀による）。

しかし、その後七〇－八〇年経って、倭国は分裂し、後漢末期には倭国大乱という状況が起きる。日本列島最大規模の環壕集落と言われる佐賀県の吉野ヶ里遺跡は、弥生時代の初めから弥生時代全期を通じて存在していたが、発掘された甕《かめ》棺《かん》の中の人骨には、矢じりが刺さったままのものや首から上がないものなどがあり、これらは倭国大乱を思わせる。また、この遺跡の最大の特徴とされるのが、防御に関連した遺構である。外壕と内壕の二重の環壕を築き、V字型に深く掘られた総延長約二・五キロの外壕が造られている。さらに、壕の

吉野ヶ里遺跡の竪穴住居と柵

内外には、木柵・土塁・逆茂木《さかもぎ》といった敵の侵入を防ぐ柵とともに、見張りや物見櫓《ものみやぐら》もあり、その内側に建物が造られている。

この時期、大乱が起きていたのは倭国だけではなかった。『後漢書』によると、後漢は安帝（在位一〇七―一二五年）が一三歳で即位し、太后が摂政として政治に関わったのが原因で政治に混乱が見え始め、その死後は権力の奪取をめぐる外戚と宦官《かんがん》の争いが激化、さらに桓帝《かんてい》（在位一四七―一六七年）・霊帝《れいてい》（在位一六八―一八九年）の失政で混乱に拍車がかかり、折りからの洪水や旱魃といった天災も加わって、後漢は滅亡に向かう。また、同じく『後漢書』東夷伝の韓の条には、霊帝の末、韓族・穢族《わいぞく》が反乱を起こし、楽浪郡の太守も治め切れなくなったという記事がある。つまり、中国とその周辺の世界で動乱の時代に入っていたのである。

この状況は、四〇〇年後にも起きる。すなわち、五八九年、隋《ずい》による中国統一から滅亡、さらに唐《とう》の成立により、周辺の世界は隋・唐の圧迫を受け、朝鮮半島では、高句麗《こうくり》・百済《くだら》《ひやくさい》・新羅《しらぎ》《しんら》の争いが激化、倭国もそれに飲み込まれ、大化の改新以降の中央集権の強化の流れとなっていく。本書のテーマで

吉野ヶ里遺跡内にある卑弥呼の祈祷の様子。古代の祭祀はこのようなものであったろう

ある古代山城の時代である。

話を戻して、倭国大乱は一人の女性を王に共立することにより、安定に向かった。邪馬台国《やまたいこく》の女王卑弥呼《ひみこ》の登場である。卑弥呼は祭祀を執り行うことにより、「男弟」の補佐を得て国を治めたが、その晩年は、狗奴国《くなこく》との戦争が激化し、その最中に死去した。そこで、男の王を立てたが、国中が治まらず殺しあう状況になったので、卑弥呼の同族の台与《とよ》を立てると、国は安定した（以上は『三国志（魏志倭人伝）』による）。卑弥呼と邪馬台国については、所在した場所について、北部九州説と近畿説が古くから対立しているが、ここでは立ち入らない。

ただ、一つ指摘しておきたいのは、卑弥呼の外交感覚についてである。卑弥呼が最初に魏に遣使したのは西暦二三九年である。その前年、二三八年に魏は朝鮮半島の公孫氏《こうそんし》を滅亡させ、直接支配下に置いた。それまでは公孫氏に遮られて魏に遣使できなかったのだが、障害がなくなると直ちに遣使している。この外交感覚の鋭さ・機敏さは注目してよいと思う。後代の倭の五王の中国南朝への遣使や推古期の遣隋使が、高句麗・百済・新羅に比べてかなり遅れて実行されているのを見ると、いろいろ事情があったにせよ、遅いと言わざるをえない。この外交感覚の鈍さが、倭の五王が望んだ官爵を中国から得られないなど、倭国に不利に働いている。

後代の王たちが卑弥呼の鋭さを受け継げなかったのは何故だろうか。大陸に近い北部九州にいた卑弥呼に対して、後代の王たちは近畿にいて大陸の状況に疎かったということだろうか。または、大陸との間に海があるので、危機意識が薄かったのだろうか。それとも、後代の王たちは国内の統一に忙しく、海外に遣使する余裕がなかったのだろうか。ともあれ、この外交感覚の鈍さは、後に白村江の敗戦にまでつながっていくように感じられる。

なお、卑弥呼の時代の防禦施設は、吉野ヶ里遺跡のようなものだったと思われる。

古墳時代

その後、一五〇年ほど倭国の状況は中国の史書からは消え、また、『日本書紀』の記述も史実性が乏しいという判断から、この時期は「空白の四世紀」と言われるが、倭国では、倭王権《やまとおうけん》による統一が進行し、古墳時代を迎えた。この時代は、前方後円墳体制の時代とも言われ、古墳の規模や形がいろいろある中、倭王権の権力が伸長していくにつれ、前方後円墳が次第に波及していった。前方後円という形がなぜ生まれたかについては多くの説があるが、円は天を、方は地を表わすという宇宙観から、円と方の合体を表現した、と解する説が有力である。

倭王権の統一の進行は、古墳からの出土品によっても推測できる。例えば、熊本県の江田船山古墳出土の大刀や埼玉県の稲荷山古墳出土の鉄剣の銘文では、倭王権の勢力が関東から九州まで及んでいることが確かめられる。前者の大刀の作者「ムリテ」は文官として、後者の鉄剣の作者「オワケ」は武官として、いずれも雄《ゆう》

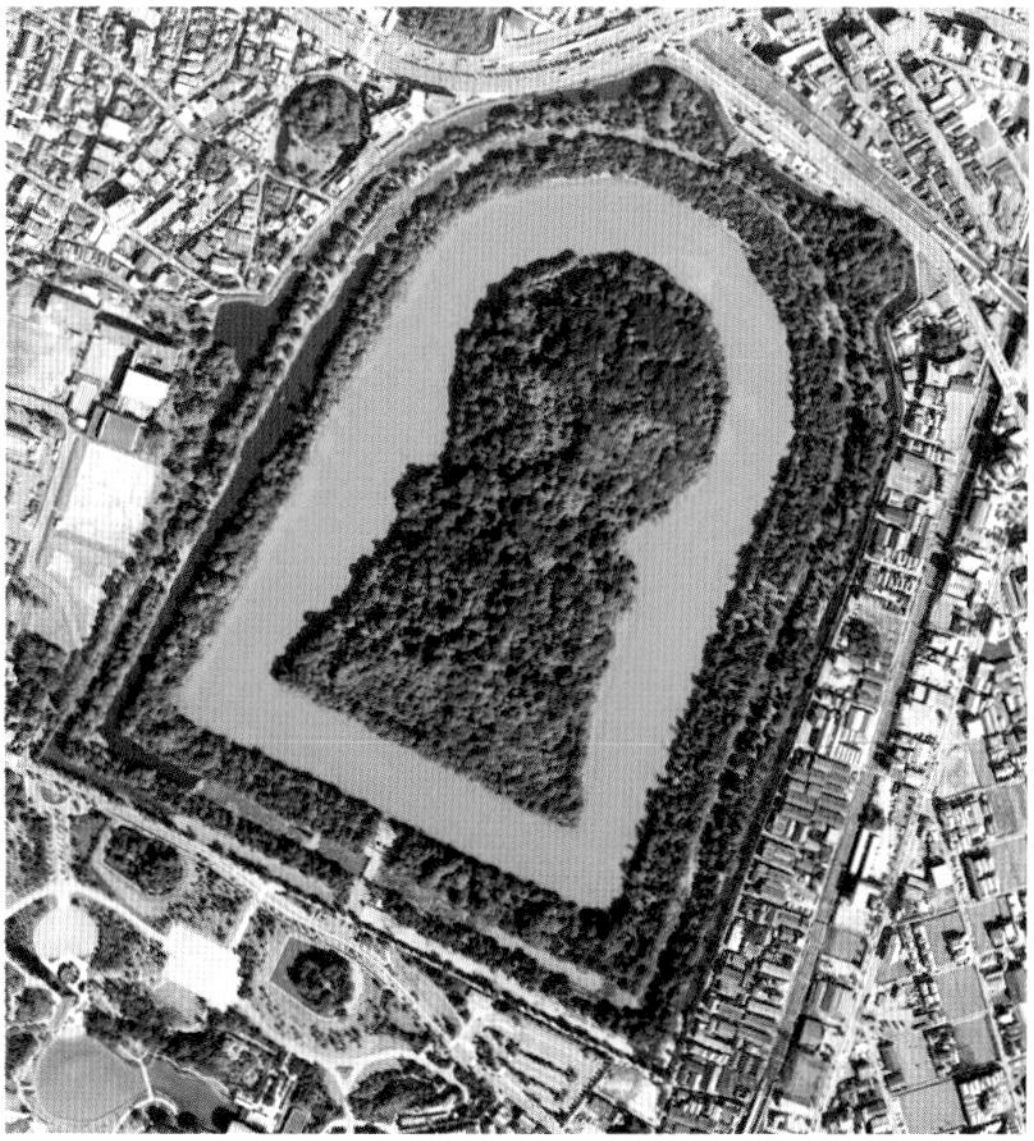

前方後円墳・大仙陵古墳（伝仁徳天皇陵。国土交通省「国土画像情報［カラー航空写真］」に基づいて作成）

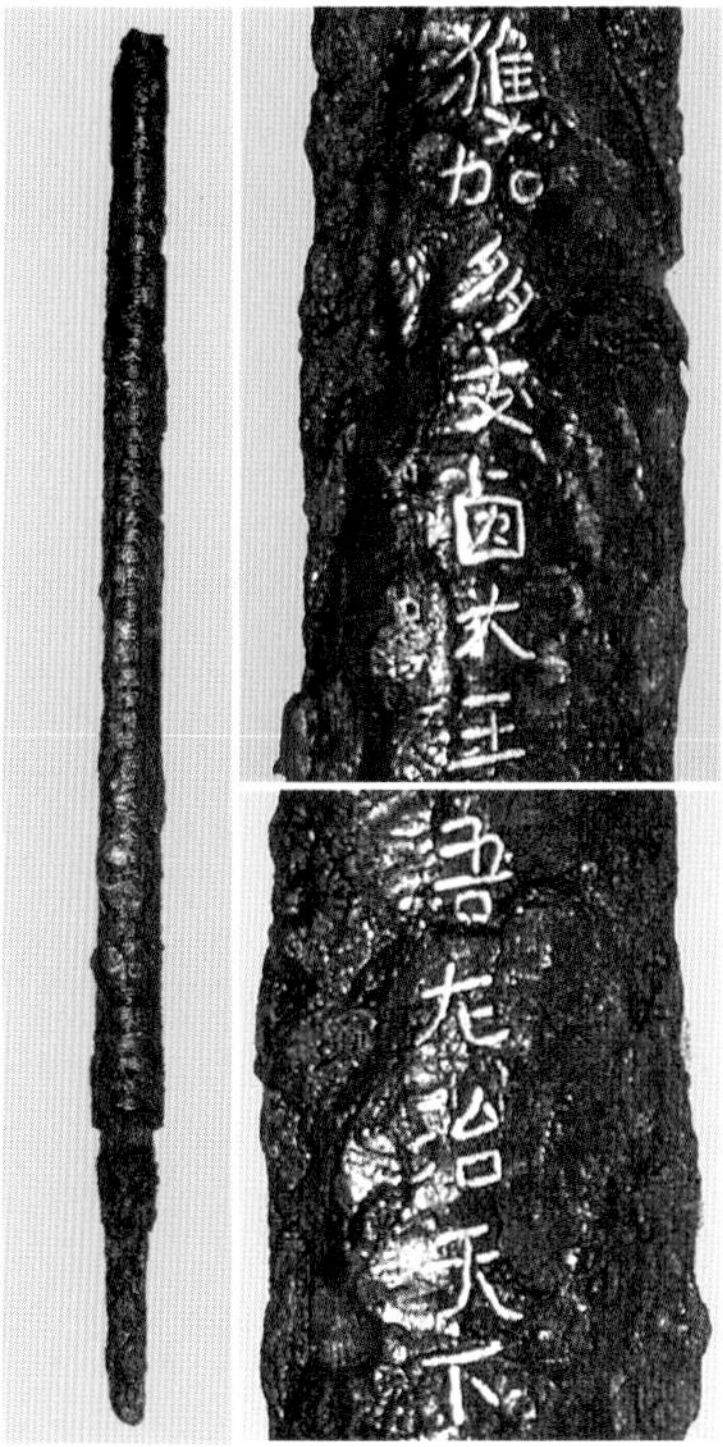

稲荷山古墳出土金錯銘鉄剣（裏。所有：文化庁、写真提供：埼玉県立さきたま史跡の博物館）

略《りゃく》天皇に仕えていた。自家の歴史を語るとともに、子孫もこれを継承していくことを願う趣旨の文章が刻まれている。後者の銘文では、辛亥《しんがい》の年（四七一年）という製作年もわかっている。

　ここで、古墳の墳丘の造り方について触れてみよう。古代山城の城壁を造る際には「版築《はんちく》」という技術が欠かせないが、古墳の墳丘を造る際にもそういった技術が必要になるからだ。墳丘の造り方には、おおまかに「東日本的工法」と「西日本的工法」があって、前者は、墳丘の中心付近から盛土を開始し、この中心部分の盛土に外側に向けて肉付けをし、これを墳頂まで繰り返していく工法であり、後者は、墳丘予定地を整地したのち、墳丘の外側に土手状の盛土をし、その内側に土手状盛土と同じ高さまで土を盛り、これを墳頂まで繰り返す工法である。倭王権の勢力が拡大するにつれて、紆余曲折はあるが、西日本的工法が伝わっていったようだ。

　また、盛土の方法として、土嚢《どのう》・土塊《どかい》積み技術というものがあり、これにも二つの方法がある。ひとつは、

古墳の土塊の例。今城塚古墳の前方部の盛土とすべり面
（「史跡今城塚古墳　平成12年度・第4次規模確認調査」
より転載。高槻市教育委員会許可）

四世紀後半から見られる方法で、土嚢を面的に敷き詰めて徐々に積み重ねていく方法、もうひとつは、五世紀以降に出現する方法で、土嚢を列状に積み重ねて列間に盛土する方法である。前者が先行し、その後、後者が考案されたと考えられる。後者の方法は五世紀の朝鮮半島の加耶《かや》地域では、土嚢や土塊に加えて、石を列状に積み重ねることが多いそうだ。

ただ、最初は土嚢・土塊は墳丘そのものではなく、その外側の施設で使用されていたのだが、後期古墳時代（六世紀前半以降）になると、大王や有力者クラスの古墳の墳丘で使用されるようになる。

　さらに、同じ頃から墳丘の高大化が見られるようになり、墳丘が急傾斜化する。急傾斜になると、盛土が崩れ落ちないように土をしっかり固める技術が必要になる。そのために、土を薄く固く重ねた版築に近い技術が考案され、使用されている。しかし、版築そのものはまだ使用されておらず、これは次の寺院建築まで待たねばならない（以上、青木敬『土木技術の古代史』を参考にした）。

　版築については後で詳述するが、土嚢・土塊よりさらに固く土を突き固めるもので、古墳の墳丘の造り方が進化したものである。

「空白の四世紀」と言われるが、文献資料が乏しいというだけで、何もなかったわけではない。それどころか、日本列島における国家の成立や朝鮮半島の国々との国交樹立など、その後の日本の基盤となる重要な出来事が実現された時代でもあった。

日本列島に国家と言えるものがいつ成立したかという問題については、考古学による情報の積み重ねにより、倭王権が列島主要部の政治的な統合を実現した古墳時代の初期であるというのが、最近の有力説である。この分野での考古学の進展は著しい。

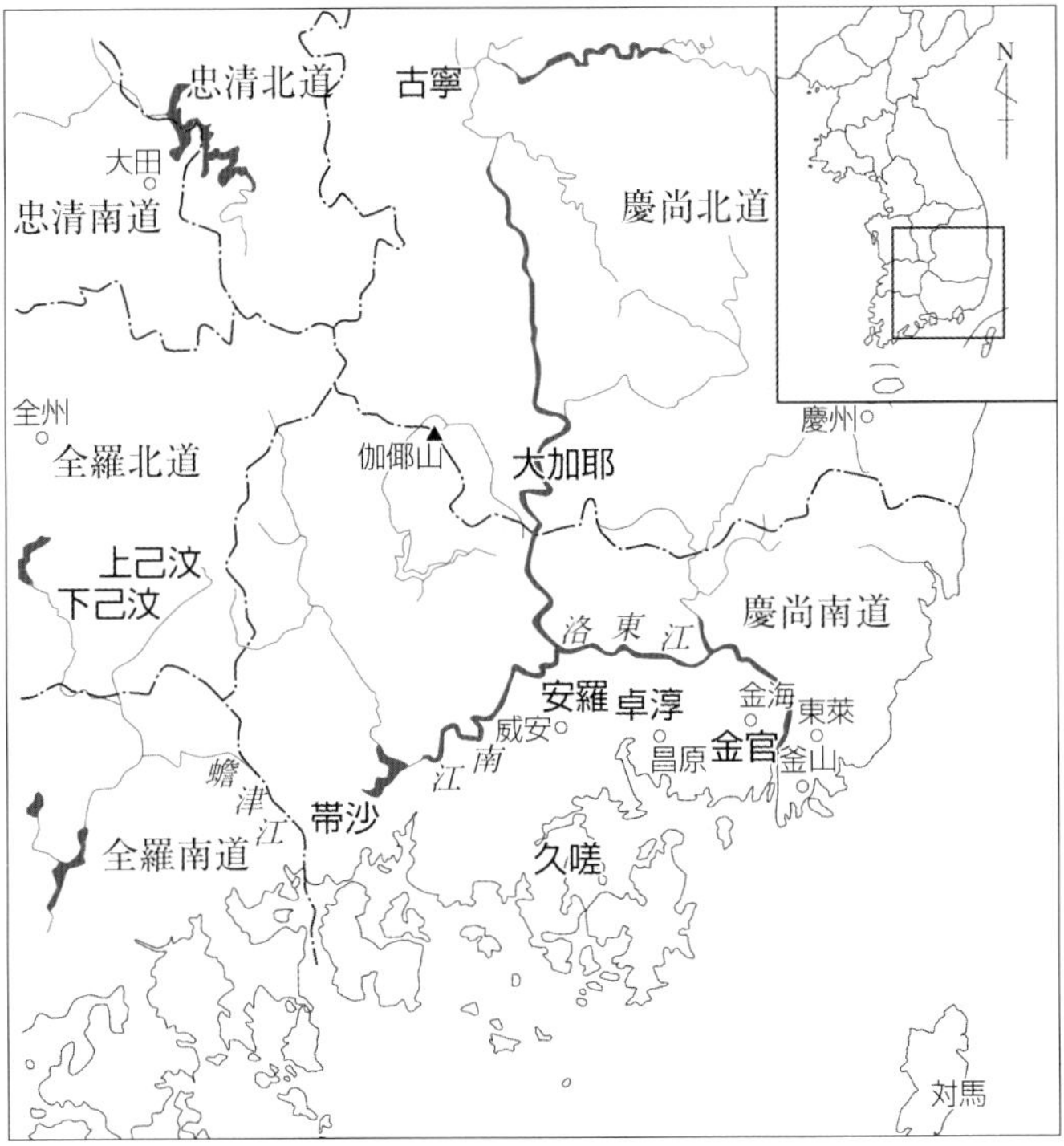

朝鮮半島南部の地図（ゴシック体は古地名）

10カ国余りが集中している。『日本書紀』はこの地域を任那と呼んでいる（『日本の歴史03』をもとに作成）

次に、朝鮮半島の国々との通交について、古代山城とも関わり合いが出てくるので、少し詳しく触れてみよう。倭王権が朝鮮半島で最初に通交したのは、半島南部の加耶諸国である。なかでも金官国は『魏志倭人伝』に出てくる狗邪韓国《くやかんこく》のことで、小国ではあるが、対馬から近いため、古くから日本列島との交流の重要な拠点となっていたと考えられる。

倭王権は、この金官国と四世紀前半に交流を始めたことが考古学の発掘調査により確かめられている。倭王権が金官国に求めたのは、鉄の鍛冶や須恵器の焼成などの新しい技術や、中国からの先進技術である。これらを国内の他の豪族に供与することにより、自らの権威付けや政治的な統合に利用していたようだ。

この時期、朝鮮半島では大きな変動が起きている。四世紀の前半、朝鮮半島から中国の勢力を一掃することを目論んだ高句麗は、半島の付け根にある前燕《ぜんえん》との戦いで大敗し、やむなく南方に活路を求めることになった。そして、その頃、その南方に建国したばかりの百済と対立する。百済としては、強国高句麗に対抗するために、早急に同盟を組める相手が必要になり、倭国（以後、対外的な関係では、倭王権を倭国と呼ぶ）に目をつけたのである。一方、倭国側としても、先進文物の供与や進んだ技術者を得たいという思惑があり、百済の要請に応じて同盟を組むことになった。

四世紀の後半、朝鮮半島のもう一つの強国新羅が高句麗の傘下に入ったため、百済や加耶諸国は倭国との関係を深める構図が出来上がり、倭国は百済の要請に応じて半島に出兵し、高句麗と戦火を交えたことが、広開《こうかい》土王《どおう》碑の碑文により知られる。王権を強化したい倭国は、その見返りとして、思惑通り先進文物や技術者を得ることができ、これを豪族に再分配することにより、支配力を強めていくことになった。

渡来人の役割

ここで、渡来人が果たした重要な役割について見てみよう。古来、半島からはたくさんの人々が倭国にやって来ているが、その渡来人には、二つの流れがある。一つは、倭国が半島諸国（主として百済）に国家として求めたもの、もう一つは、戦争の難を逃れて倭国に来たものである。前者としては、救援の軍を送る代償として、医博士・易博士・暦博士あるいは種々の薬物などを要求して、得ている。仏教の伝来もその中の一つである。

次に、後者について述べよう。

朝鮮半島では、高句麗の広開土王が四世紀の終わりに南進策を強力に進めた結果、戦乱の時代に入った。倭国が巻き込まれたことは既に述べたが、その関係で、戦いに敗れた百済や半島南端の加耶《かや》諸国から大量の渡来人がやって来た。この時代以降、大量の渡来人が来る機会は、三度あった。

①四世紀末－五世紀初め ―― 前記広開土王の時代

②五世紀後半－四七五年 ―― 高句麗が百済の首都漢城を攻め落として、百済王を敗死させた頃。このあと、百済は都を熊津《ゆうしん》に移して、かろうじて生き残る

③七世紀中頃 ―― 百済が滅んだ六六三年頃

いずれも戦いに敗れたのは百済であるが、いずれの時期にも、主として百済から大量の渡来人がやって来た。今でいう難民であるが、今の難民と違うのは、彼らが倭国に住みつき、倭国の人と同化したことである。倭国も、彼らが保有する技術や知識を吸い上げるよう手を尽くしている。

渡来人が倭国に持ってきたもののなかで特に重要なのは、土器群である。倭国にも、それ以前から須恵器《すえき》・土師器《はじき》といった土器があった。須恵器は、ロクロを使って成形し高温で焼く土器のこと、土師器は、それより低い温度で焼く赤みを帯びた土器であるが、渡来人の伝えた韓式土器は倭国にはなかった高度の技術を要するもので、出来上がった製品の質が飛躍的に向上した。

また、竪穴住居のなかにカマドを設置し、鍋などで調理する方法も、渡来人が伝えたものだ。五世紀初頭には半島から馬と馬具がもたらされ、乗馬の風習が広まった。このほか、半島からもたらされた最新の農具や土木技術は、それまで耕作不能であった土地の耕作を可能にし、耕地面積の拡大や収穫量の増大に寄与した。

このように、渡来人の伝えた技術や風習は、それまでの倭国の人々の生活のスタイルを一段と向上させた。彼らは倭国に住みつくとともに、通婚《かよいこん》により倭国の人と同化していった。したがって、現代の我々日本人の

血の数パーセントは、渡来人から受け継いでいると言ってよいであろう。

　長々と渡来人のことを記したのは、それだけ渡来人の与えた影響が大きいからである。渡来人がしたことは、即ち日本人がしたことといってよいと言われている。古代山城のうち、朝鮮式山城を築いたのは渡来人である百済の亡命将軍が主体となっているが、後述のように、古代山城は実戦には不向きである。現実に百済の山城は唐の軍隊にいとも簡単に攻め落とされている。労働力も財力もかかるこのようなものを、何故すんなりと、しかもたくさん造ったのか。戦争に負けてあわてていたということもあるだろう。しかし、これは渡来人のものの見方・考え方が、倭国の人の生活の隅々まで浸透し、もう少し客観的に考えれば別のやり方があったろうに、他に考えが思い及ばなかったからではないか、と思われてならない。

磐井の乱

　さて、百済や加耶諸国との同盟が成立し、倭王権の国内の豪族への支配が伸長することを述べたが、その過程では、抵抗する豪族たちを力づくで滅ぼすことも行われている。『日本書紀』によると、雄略《ゆうりやく》天皇の時代には、古代豪族の代表格である葛城《かつらぎ》氏が滅ぼされ、吉備《きび》氏も勢力を削減されたが、継体《けいたい》天皇の時代の六世紀の初めには、筑紫国造磐井《つくしのくにのみやつこいわい》の反乱が鎮圧されている。この事件は『日本書紀』のみならず、この時期についてはほとんど系図しか記録していない『古事記』にも登場するから、それぞれの編纂時期（『古事記』は七一二年完成、『日本書紀』は七二〇年完成）から二〇〇年近く前の出来事にもかかわらず、人々の記憶に強く刻まれていたのであろう。

　磐井《いわい》の乱は古代山城とも関わり合いがあるので、少し詳しく説明しよう。『日本書紀』によると、継体天皇二一（五二七）年、新羅に奪われた任那《みまな》の一部を取り戻そうと、倭王権側の将軍近江毛野《おうみのけぬの》臣《おみ》が六万の軍勢を率

磐井の墓と言われる岩戸山古墳。前方後円墳であるが、前方後円墳は倭王権の様式であり、反逆者である磐井の墓にふさわしくないように思う

いて任那に向おうとしたが、新羅がこれを知って、筑紫の豪族である磐井にひそかに賄賂を贈り、毛野臣の軍勢を防ぐよう勧めた。磐井はかねてから反逆を企てていたので、これに応じて毛野臣と交戦し、その前進を阻んだ。そこで倭王権は、物部麁鹿火《もののべのあらかい》を大将軍に任じて討伐の軍勢を差し向け、翌年一一月、筑紫の御井《みい》郡で磐井の軍勢を破って磐井を斬り、反乱を鎮圧した。

磐井は、火の国（佐賀県・長崎県・熊本県）と豊《とよ》の国（福岡県東部・大分県）にも勢力を持っていたので、自分の勢力範囲を防衛するため、山城を造っていたのではないか、こういう考え方がかつて有力であった（後述）。

六世紀後半の倭国と朝鮮半島情勢

さて、磐井の乱は鎮圧されたが、この後、百済と新羅の領土争いが激化し、新羅は任那の地にも侵攻を繰り返し、ついに欽明天皇二三（五六二）年、任那の宮家《みやけ》を滅ぼした。『日本書紀』は「宮家」と書くが、半島南部の小国をすべて併呑《へいどん》したということのようだ。倭国は新羅を攻撃するが、新羅に奪われた任那の地は戻ってこず、この件は任那復興の問題として、五七一年、欽明天皇が亡くなる際、次の敏達天皇にその実現を遺言している。なお、『日本書紀』はしきりに任那を倭国の属国として書いているが、朝鮮半島南部のこの地域にあった小国の集合体（加耶《かや》諸国）を任那と表現しているだけで、任那という国があったわけではない。倭国の出先機関はあったようだ。

余談だが、『日本書紀』はこの問題について、百済の聖明王《せいめいおう》の任那復興会議の開催などの記事を詳細に書いている。新羅に併呑される直前、加耶諸国は何とか独立を保とうとし、百済はその加耶地域に進出しようとし、倭国は先進文物を得ようとする、三者三様の立場が緊迫した状況の中で描かれている。倭国だけが少し第三者的な立場のように見えるが、いずれにしても、半島への足掛かりとして、任那と呼ばれる加耶地域は倭国にとって重要な地域であり、ここを新羅に奪われたことで、半島への足掛かりがなくなることを恐れたのであろう、と思われる。

なお、六世紀の朝鮮半島情勢を俯瞰しておくと、新羅が日の出の勢いで台頭してくるのが注目される。新羅は、それまで高句麗の傘下で目立たなかったが、法興王（在位五一四－五四〇年）代に国家組織を整え、次の真興王（在位五四〇－五七六年）代に領土を拡大して、高句麗・百済と対等にわたりあえるまでに成長する。また、百済も四七五年に都を熊津《ゆうしん》に遷して以降、次第に復興し、六世紀の武寧王（在位五〇一－五二三年）と聖明王（在位五二三－五五四年）の代に繁栄を取り戻す。国力を貯えた両国は、半島南部地域への進出や圧迫を受けてきた高句麗への反撃を行い、この三国は三つどもえの戦いを繰り広げることになる。百済の聖明王は倭国に仏教を伝えた人物として有名であるが、この仏教公伝も倭国からの救援の見返りとして倭国にもたらされたものである。聖明王自身、このあと新羅との戦いで非業の最期を遂げる。

このような状況の中、倭国も否応なしに朝鮮半島の情勢に深くかかわらざるを得なくなっていった。

東アジアの動乱の七世紀

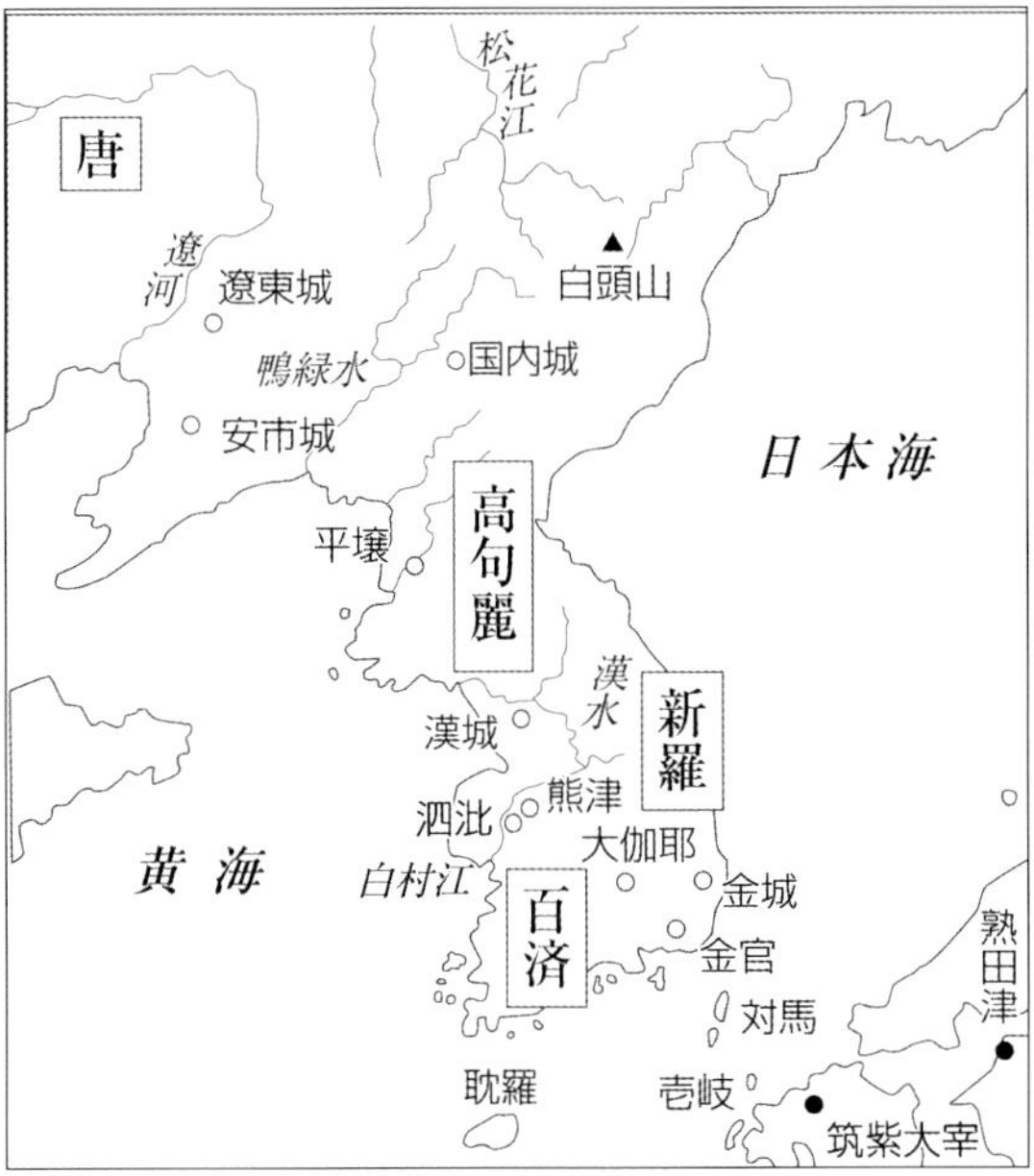

7世紀朝鮮半島の国と白村江の地図

先述したように、六世紀も終わりの五八九年、中国では西晋の滅亡以来、約二七〇年ぶりに隋《ずい》という統一帝国が出現し、周辺諸国へ圧力を加え始めた。朝鮮半島では、高句麗・百済・新羅の三国がしのぎを削っていたが、隋帝国成立当初は、三国とも隋に朝貢し、隋の冊封を受けていた。しかし、三国のなかで最も強大で拡大志向の強い高句麗は、百済・新羅に圧迫を加えるとともに、隋帝国内の遼西地域にも侵攻する。そのため隋は高句麗征討を三回行った。しかし、いずれも成功せず、内政の失敗も重なり、約三〇年で滅んだ。

次いで六一八年、唐が立った。唐も高句麗征討を行ったが、朝鮮半島では百済が唐への対応に追われている高句麗と結び、新羅を圧迫するようになった。窮地に陥った新羅は唐に出兵を求め、唐も要請を受けて高句麗に連年のように攻撃を加えるが、なかなか成果は得られなかった。そこで唐の高宗は、高句麗征討はひとまずおき、その同盟国である百済を先に攻撃するよう、作戦を変更した。すると、唐の脅威を感じた百済は、もともと親しく交流のあった倭国に援助を求め、倭国もこれに応じた。ここに、唐・新羅対百済・倭国の対決という構図ができあがった。

六六〇年、新羅の要請により、唐の軍勢一〇万が朝鮮半島に出動。新羅もこれに加わって、百済を攻撃した。これにより、ついに百済は滅亡し、義慈王《ぎじおう》始め多数の捕虜は唐に連れ去られた。しかし、その直後から百済王族の鬼室福《きしつふく》信《しん》を中心に百済復興がはかられた。これは一時は優勢だったが、内部分裂や包囲網の狭まりにより、次第に追い詰められて、倭国の水軍が唐の水軍と戦って大敗するという、いわゆる「白村江《はくすきのえ》《はくそんこう》の戦い」（六六三年）が決定的な打撃となり、百済は完全に滅んだ。

以上、百済の滅亡までの倭国の歴史を中国や朝鮮半島の国々とのかかわりの中で概略見てきたが、次に、白村江の戦い前後の倭国の状況について倭国がどのように対応してきたかを、『日本書紀』により年表形式で拾いだしてみる。この緊迫した状況の中で、古代山城が登場してくる。

倭国の対応

斉明《さいめい》五（六五九）年

七月、遣唐使を派遣。

一二月、唐側より、「我が国は来年朝鮮半島の征討を行うから、倭国の人間は帰ってはならぬ」と言われ、長安で幽閉される。

斉明六（六六〇）年

九月、百済の使者から「今年の七月に新羅が唐人を引き込み、百済の国を覆《くつがえ》した。しかし、すぐさま鬼室福信が発憤して、散り散りになった兵卒を集め、新羅の軍を破った。福信らは今王城を守っている」との報告があった（そのため、我が国は兵卒を西北の辺境にそろえ、城柵を修繕し、山川を断ち塞いだ［斉明四年の条に六年のこととして記載］）。

一〇月、鬼室福信から救援軍の派遣要請があり、また人質として来朝していた百済の王子余豊璋《よほうしょう》の帰国要請があった。

一二月、天皇は百済救援の軍を遣わすため、自ら筑紫に行幸しようと、まず難波宮《なにわのみや》に行かれた。

斉明七（六六一）年

一月、天皇は征西に出発した。

三月、天皇の船は海路博多湾に到着。

五月、天皇は朝倉橘広庭宮《あさくらのたちばなのひろにわのみや》に移り住んだ。このとき朝倉社《あさくらのやしろ》の木を切り払ったので、神が怒って殿舎を破壊した。また宮の中に鬼火が現われ、病死する者が多かった。

七月、天皇は朝倉宮にて崩御。

九月、余豊璋が百済の国に入った。

天智《てんぢ》元（六六二）年

一月、鬼室福信に武器や綿布を贈った。

三月、唐・新羅連合軍が高句麗を攻めたので、高句麗より救援要請があり、倭国は将軍を派遣した。このため、唐・新羅連合軍は城塁を陥落させることができなかった。

五月、余豊璋に百済国王の位を継がせた。

天智二（六六三）年

三月、前・中・後の三軍合わせて二万七〇〇〇人を派遣して新羅を討たせた。

六月、百済王豊璋は鬼室福信の謀反を疑い、福信を斬った。

八月、新羅は百済王が良将（福信）を殺したことを知り、すかさず百済に攻め入り、王城を包囲した。一方、唐軍は軍船一七〇艘を白村江に集結させた。二七日、倭国の軍船の先着したものと唐軍の軍船とが会戦し、倭国は敗退した。翌二八日、倭国の将軍たちと百済王とは戦況をよく観察せずに、

「我が方が先を争って攻めかかれば、相手はおのずから退却するだろう」と協議し、船隊を十分に整えぬまま、唐軍に攻めかかった。すると唐軍は左右から船を出してこれを挟撃《きょうげき》し、包囲して攻撃した。みるみる倭国軍は敗れ、多くの者が溺死した。百済王は船で高句麗へ逃げ去った。

九月、百済の州柔城《つぬさし》が唐に降伏し、百済は完全に滅んだ。生き残った百済の将軍や家族・百済民は船で倭国に向かった。

天智三（六六四）年

二月、冠位十九階を二十六階に、大氏《おおきうじ》・小氏《ちいさきうじ》・伴造《とものみやつこ》らの氏上《うじのかみ》を定め、民部《かきべ》・家部《やかべ》を定めた（大化の改新で行おうとしていた改革をさらに推し進めた）。

五月、唐軍の郭務悰《かくむそう》らが倭国に来て上表文を奉った。一二月に帰途についた。

この歳、対馬嶋《つしま》・壱岐嶋《いきのしま》・筑紫国《つくしのくに》などに、防人《さきもり》と烽《すすみ》を置いた。また、筑紫に水城《みずき》という大きな堤を築いて水を貯えさせた。

天智四（六六五）年

八月、百済からの亡命将軍を遣わして、城を長門国及び大野・椽《き》の二城を筑紫国に築かせた。

九月、唐は劉徳高《りゅうとくこう》ら（計二五四人）を遣わし、上表文を奉った。劉徳高らは一二月に帰途についた。

一〇月、菟道《うじ》で大掛かりな閲兵《えっぺい》を行った。

天智六（六六七）年

三月、都を近江に移した。

天智七（六六八）年

一一月、倭国に高安城《たかやすのき》、讃吉国《さぬきのくに》に屋嶋城《やしまのき》、対馬国に金田城《かなたのき》を築いた。

一月、天智天皇が即位した（それ以前は称制）。

天智八（六六九）年

一〇月、唐が高句麗を滅ぼした。

天智九（六七〇）年

冬、高安城を修築し、畿内の田税《たちから》をそこに収めた。

戸籍（庚午年籍《こうごねんじゃく》）をつくった。

天智一〇（六七一）年

一月、百済の鎮将劉仁願《りゅうじんがん》が、李守真《りしゅしん》らを遣わして文書を奉った。七月に李守真らが帰途についた。

四月、漏剋《ろうこく》（水時計）を新しい台に置き、時刻を知らせ、鐘・鼓を打ちとどろかせた。

一一月、唐の使人郭務悰ら二〇〇〇人が船四七隻に乗ってやってきた。翌年五月に帰途についた。

一二月、天智天皇崩御

ここまでで、当時の緊迫した状況が伝わってくるであろう。

古代山城の築造

朝鮮式山城の築造

さて、ここからが本題の山城関係の記述になる。

『日本書紀』によると、白村江の敗戦により唐・新羅の来襲を恐れた倭国は、防衛のため、長門城・大野城・基肄《きい》城・高安城・屋嶋城・金田城を築いた。これらの城は、百済からの亡命将軍の指導で築かれたので、

「朝鮮式山城」と呼ばれている。

この他、『日本書紀』の次の正史である『続日本紀《しょくにほんぎ》』には、鞠智城《きくち》（熊本県）・三野城《みの》・稲積城《いなつみ》（共に福岡県）の修理、常城《つねのき》・茨城《いばらのき》（共に広島県）の廃止の記事があり、これらも百済の亡命将軍の指導によりなされたと考えられている。これらを加えると、朝鮮式山城としては計一一カ所が知られている。

このうち、三野城・稲積城については、文武三（六九九）年に築造と書かれており、また場所も三野城が宮崎県、稲積城が鹿児島県という説があってはっきりしない。もし、宮崎県と鹿児島県だとすると、この頃しばしば反乱を起こしていた隼人《はやと》に対する備えと考えられ、対外的な防衛のためとは言えないことになる。遺跡が発見されればはっきりするが、今のところは、古代山城と同じ扱いにしておく。

また、この他に壬申の乱のさなかの天武元（六七二）年、天武側の将軍が三尾城《みお》（滋賀県）を攻め落とした記事があるが、この城は比較的簡単に攻め落とされたようであり、古代山城と同等の規模のものと言えるかどうか疑問なので、ここでは除外する。

朝鮮式山城の築造時期は、最初の六カ所については『日本書紀』に明示されているが、これが着手時か完成時かという問題がある。私はこれを着手時と解する。その理由は、天智四（六六五）年八月条の大野・椽の二城を築いた百済の亡命将軍に「憶礼福留《おくらいふくる》」という名があるが、この人物は、白村江の戦い直後の天智二年九月の亡命者の中に、また、天智一〇年一月の冠位を授けられた者の中に名前が見える。つまり、天智二年九月に来日し、四年八月から山城の築造に着手し、完成したので一〇年一月に冠位を授けられたと考えられるからである。これから見て、大野城などは着手から五年以内に完成したことになる。

後年、奈良時代に築造された怡土城《いとじょう》は、築造の開始（七五六年）と完成（七六八年）の年が判明しており、足かけ一三年かかっているので、五年というのはかなり短期間に急いで造ったことがわかる。

朝鮮式山城と神籠石式山城の特徴

ところが、『日本書紀』『続日本紀』といった史書には記載されていないものの、発見されている城跡がある。これらは最初に学界に紹介された高良山神籠石《こうらさんこうごいし》の名にちなみ、「神籠石《こうごいし》式山城」と総称されている。史書に記載がないので築造時期は不明であるが、朝鮮式山城と共通するところが多く、同じ頃の築造ではないかというのが多数説である。

まず、両者の共通点を挙げてみる。

（a）官道や海の近くで、危急の場合に直ちに出動できる山に築造している。一部例外もある。

（b）山頂を鉢巻状に取り巻くか（鉢巻型）、または山頂から続く峰を境界として下方に土塁により城壁を築き、谷をまたぐ場所には石垣と水を排出する水門を築いて境界とする（包谷型）。城壁としての土塁は、版築《はんちく》工法によっている。鉢巻型にするのと包谷型にするのと、どういう考え方でこのような築造の仕方をするのかわからないが、鉢巻型が瀬戸内海地方に多いところから、前代の高地性集落の影響かもしれない。

（c）山城は高いところで四〇〇メートル、低いところで五〇メートルと差が大きいが、その地域の比較的険しい山が選ばれている。自然による防禦を考慮したものであろう。山頂からの見晴らしはよく、眼下に官道や海を見下ろせる。

（d）出土遺物は少ないが、発見されている須恵器などの製作年代は、いずれも七世紀中頃ー八世紀前半である。

次に、異なる点は、

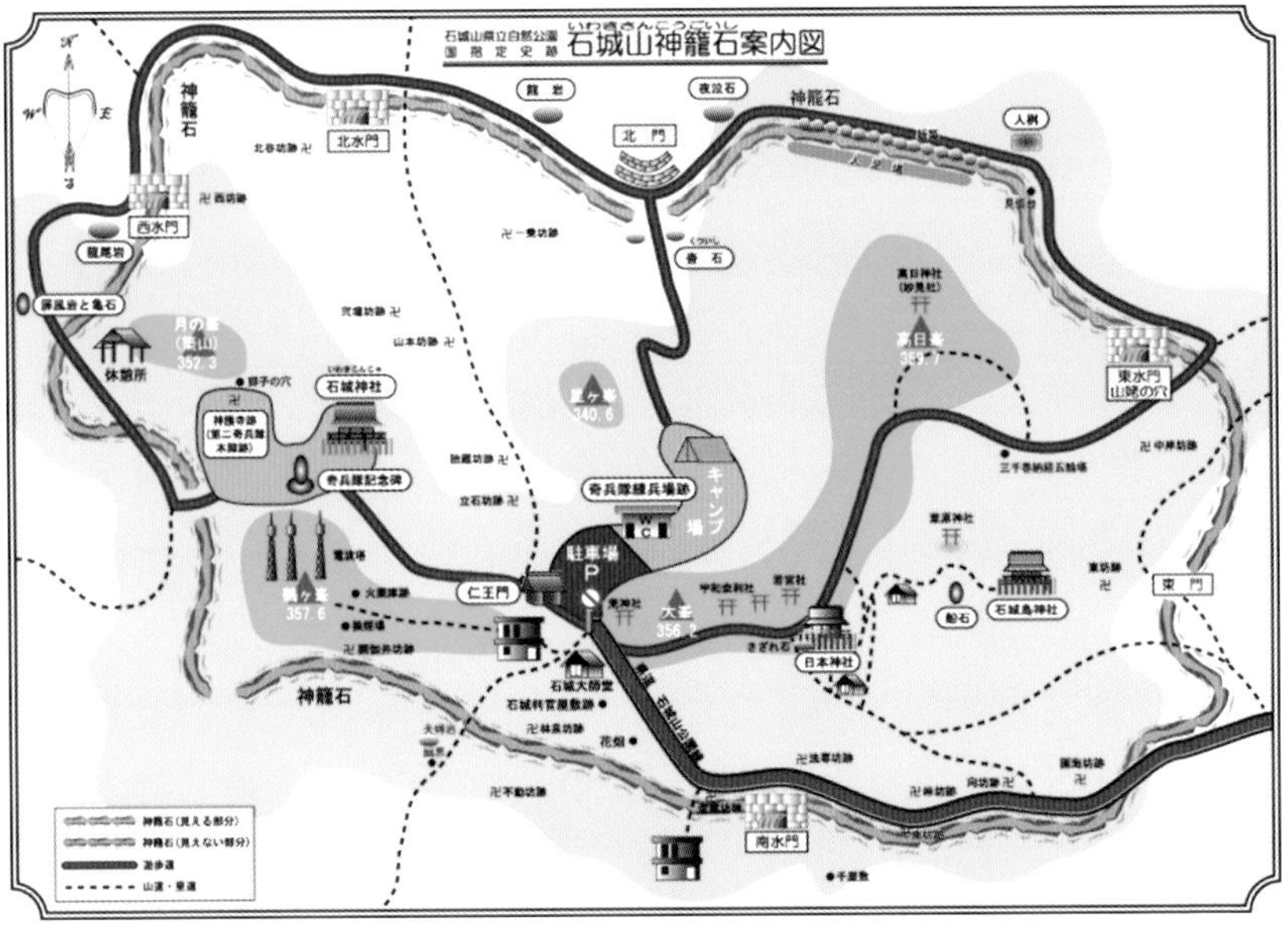

鉢巻型の例（石城山神籠石）

山頂を鉢巻状に取り巻く方式。最高峰高日ヶ岳など5峰を取り巻いている
（光市教育委員会提供）

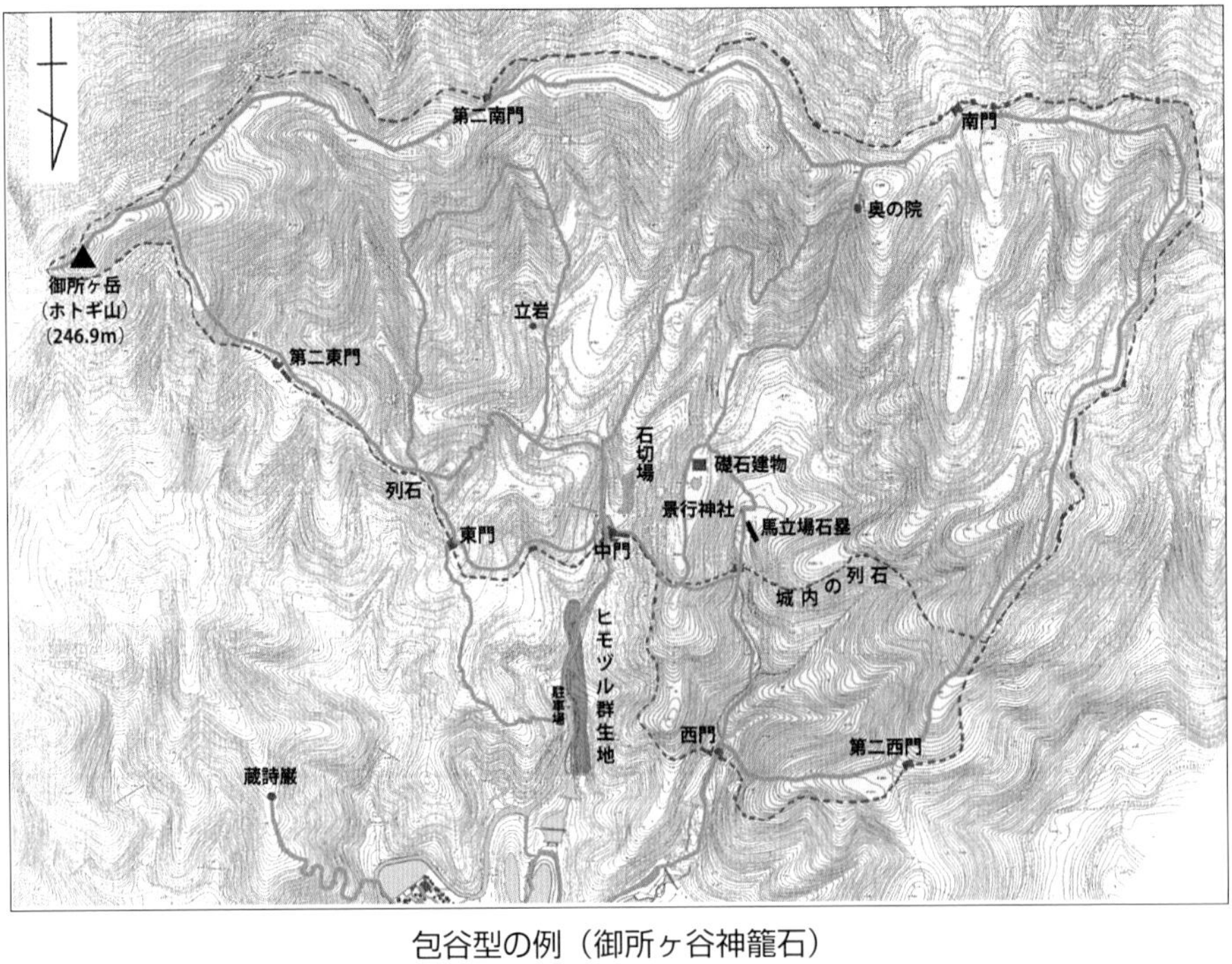

包谷型の例（御所ヶ谷神籠石）

山頂から続く峰を下り、谷を包み込む方式
（行橋市教育委員会提供）

大野城の列石。朝鮮式山城である大野城には列石はないと思われていたが、存在した。この点で、神籠石式山城との差はなくなったが、神籠石のように切り揃えられていない。急いで造られたからであろう（九州歴史資料館提供）

（a）朝鮮式山城である大野城や屋嶋城は全長六―八キロと規模が大きいが、神籠石式山城はその半分以下と規模が小さい。そのため、史書では省略したとも考えられるが、例えば金田城跡は全長二・八キロで、雷山《らいざん》神籠石は全長二・六キロと規模がほとんど変わらないにもかかわらず、後者は記載されていず、統一されていない。古代の人は、現代の私たちのように厳密には考えていないだろうから、重要なものをいくつか取り上げた、と解釈した方が正鵠を得ているかもしれない。

（b）朝鮮式山城では建物跡などの遺跡や出土遺物が多いのに対し、神籠石式山城ではこれらは少ないか、またはほとんどない。この点については、従来朝鮮式山城の発掘が遺跡や遺物を中心にしてきたのに対して、神籠石式山城は外郭線の調査を中心にしてきたので、まだ発見されていないだけかもしれない。

（c）神籠石式山城の麓や近くには古墳や遺跡が多いのに対して、朝鮮式山城の近くには、あまり見られない。神籠石式山城は、その所在する地域の豪族と関係が深いと思われる。

（d）従来、朝鮮式山城と神籠石式山城を分ける最大の特徴は、城壁としての土塁の基底部に滑り止めとしての列石があるかどうかであった。前者にはないと思われていたが、平成一五（二〇〇三）年の集中豪雨で大野城の土塁が崩壊し、その修復の際の調査で、外郭線全域で土塁の下に列石があることが確認された。さらに、鞠智城の西側丘陵の土塁でも、列石が見つかっている（『よみがえる古代山城』による）。まだ土塁の下の列石が見つかっていない基肄城などでも、発掘すれば見つかる可能性が高い。

したがって、今後は列石のあるなしは、朝鮮式山城と神籠石式山城とを分ける基準にはならないであろう。

（e）九州内の神籠石式山城で使用されている列石は、概して大きく、丁寧に切り揃えられているのに対して、朝鮮式山城で使用されている石は、概して小ぶりで大小混在している。

しかしながら、これらの異なる点は、仔細に検討してみると相対的な違いにすぎず、本質的な違いとは言えない。そのため、両者を区別する理由はないであろう。したがって、朝鮮式山城と神籠石式山城の区分をやめて、「古代山城」の名で統一的に解釈するのが妥当であろう。本書はこのような考えで、「古代山城」という言葉を用いている。最近の学界でも、古代山城という言い方が定着してきている。

しかし、神籠石の名も、古くから用いられてきた、なじみのある名称なので、本書では、個々の遺跡について神籠石の名を踏襲している。

学界における神籠石論争

いわゆる「神籠石論争」について

神籠石の性格については、一九世紀の終わりに学界で報告されてから、学界を二分する有名な論争が行われている。現在では、その一応の決着はついているが、否定された説にも惹かれるところがあるので、その経緯

高良山神籠石。神籠石の名の由来となった遺跡。
高良大社参道脇に続いている

を簡単に振り返ってみよう。

まず、神籠石とは、「大きな切石を密接並列せしめて山を囲み、谷にまたがる所には石垣を設け、水を流す暗渠《あんきょ》的な施設がある」遺跡のことである（『国史大辞典』第五巻、一九八五年）。

神籠石は、明治三一（一八九八）年、小林庄次郎が「筑後国高良山中の神籠石なるものに就いて」（『人類学雑誌』一四一－一五三）において初めて学界に発表した。それによると、彼は高良山神籠石を霊地として神聖に保たれし地を区別したもの、としており、これを「霊域《れいいき》説」と言う。

続いて、明治三三（一九〇〇）年、八木奘三郎は高良山の他、雷山《らいざん》・女《ぞ》山《やま》・鹿毛馬《かけのうま》の四カ所を踏査し、「これらの大遺跡を旧に復せしときの有様を思うに、城郭を除きては、ほかにこの類の大工事なかるべし」云々（『東京人類学会雑誌』一七三・一七五号）と発表した。これを「山城説」という。なお、八木は古墳の全体の規模・築石の工合《ぐあい》の比較から、築造年代を「推古朝より下ることなく、また景行帝より上ることなし」云々と推定している。

次いで、明治三五（一九〇二）年、喜田貞吉は「神籠石とは何ぞや」（「歴史地理」第四巻第五号）において、「史上に有力なる豪族が古代その地方に占拠せしことを記するところにして、その遺跡はすなわちこれらの豪族が自家の祖先に関する霊地として、石をもって区画をなせしもの」云々として霊域説を繰り広げる。

これに八木が反論し、喜田が「神籠石は土台に一石を並列し、その上部

おつぼ山神籠石の第一水門。1メートルくらいの高さのため防禦には役にたたないだろう。削られてこの高さになったのかどうかわからない。なお、この水門はアーチ型をしている

高良山神籠石。列石が向かって左側の山上方向を囲むように並べられている。列石の上に土塁や柵があった痕跡は見当たらない

には何も見えぬから防禦とはならず、城郭ではない」と述べるのに対して、「石の上には、築城時は土台か柵か土塀があったはず」だと述べている（「歴史地理」第一五巻第三号、一九一〇年）。

また、関野貞は朝鮮古代の山城との比較、神籠石の所在する山がいずれも要害の地であること、列石が谷を取り込み、敵より攻撃を受くべき地点は必ず内に取り入れていることなどを根拠に、山城説を展開している（「考古学雑誌」第四巻第二号、一九一三年）。この当時、神籠石は六カ所しか知られてなかったにもかかわら

ず、列石の本質を見抜いた卓見である。

しかし、この当時は、列石は表面観察だけであったので、情報量も限定され、説得力にも欠けたため、大類伸の「『神籠石』問題解決尚早論」（「考古学雑誌」第四巻第七号、一九一四年）が出るに及び、議論は停滞した。

山城説の定着

やがて、戦後の昭和三七（一九六二）年に発見され調査された「おつぼ山神籠石」（佐賀県）において、土塁・列石・柱列・水門などが発見された。列石は版築土塁の基礎石として造られており、谷間には通水口のある水門や柱穴を伴った二カ所の門跡、列石前面の約三メートル間隔で並ぶ柱列を確認したことにより、神籠石が防禦などを目的とした山城跡であることが確実と見做されるようになった。

こうして、現在では山城説で落ち着いているが、神籠石で囲まれた範囲内には、神社や古代の宗教施設を思わせるものがあり、霊域説にも捨て難いものがあるように思える。例えば、高良山神籠石では一部の箇所で列石を平坦な地面に並べているが、その上に土塁や柵があったような痕跡はなく、城壁と見ることは困難である。何かを囲っているような印象を受ける。

神籠石の築造時期の問題

神籠石の築造時期の諸説

神籠石については、いつ誰が造ったのかが最大の問題であり、未だ諸説あるが、築造時期についての多数説は、前にも述べたように、朝鮮式山城と同様、白村江の戦い（六六三年）以降と考えている。

ここで、築造時期について、史書に関連づけて出されているいくつかの説を紹介しよう。

（a）「桓・霊の間、倭国大いに乱れ、こもごも相攻伐《こうばつ》し、年を歴《へ》るも主《あるじ》なし」（『後漢書』）。後漢の桓帝・霊帝の間（一四七―一八九年）、倭国は互いに戦争状態であり、時が経っても王が決まらなかった。この倭国大乱の時代に、各豪族が防禦のために築いたとする説である。

佐賀県の脊振山地南麓の丘陵地帯にある吉野ヶ里遺跡は、まさにこの時代に存在した遺跡であるが、前に述べたように、この遺跡の最大の特徴とされているのが、集落の防禦に関連した遺構である。ここには、外濠と内濠の二重の環壕があり、V字型に深く掘られた外濠は約二・五キロに及んでいる。敵の侵入を防ぐ土塁や木の柵・逆茂木《さかもぎ》を設置しているが、これらは丘陵に掘られた土を積み上げた土塁であり、山の斜面を利用した土塁や谷をせき止めた石垣とは異なる。瀬戸内海沿岸に見られる高地性集落も同様である。これはいわば山城の前段階の防禦方法と言えるだろう。

（b）『日本書紀』継体天皇二一（五二七）年、筑紫国造磐井の乱のとき、物部麁鹿火の言として、「磐井は西辺の奸賊《かんぞく》で、険阻な山川をたのんで反乱し、云々」とあり、このとき磐井は防衛のための山城を持っていた、とするものである。

磐井の乱の顛末については先述した通りであるが、磐井は新羅と通じていたから、朝鮮の山城についての知識があったとしてもおかしくない。関野貞博士は朝鮮の山城を踏査しているが、その特徴について、「①山城は平野を前にして屹立せる山に築造され、②必ず一つ以上の谷を取り込んで、その周囲の峰の頂上より少しく外に下がったところに城壁を囲繞《いにょう》して居る、③谷を包容するので、地形により、谷の口はずっと平地に近いところもあれば、上の方にあるものもある、谷の口から谷川が流れ出るが、城内への道路もなく、城門は普通こ

岩戸山古墳の石人像　古墳の横の別区といわれる政治の場で、裁判も行っていたらしい

こに設けられる、城門水口の両側の城壁は延びて左右の山に上り、前方に展開して城門水口を擁護するようになっており」云々としている（「考古学雑誌」第四巻第二号、一九一三年）。これは神籠石式山城の特徴と一致する。

磐井は、かねてから倭王権に反逆する心を抱いていたから、新羅人に学びながら、これらの城を防禦するために造ったのかもしれない。磐井は先祖の時代から北部九州に勢力を張っていたが、磐井の時代にこれらの城は整備されたのであろう、と。

かつては、この説が有力に唱えられていた。しかし、神籠石式山城が瀬戸内地域、特に吉備地方でも発見されていること（磐井の勢力はここまで及んでいない）、出土している須恵器などがいずれも七世紀中頃―八世紀前半の製作と見られていることなどにより、この説の支持者は減少している。

さらに、最近の研究の成果では、神籠石で使用されている版築《はんちく》は百済の様式であって、新羅の様式は版築ではなく、礫《れき》と土とを交互に重ねる方式であることがわかってきたので、新羅と親しかった磐井の築造とは考えられないだろう。

また、『日本書紀』では磐井は火の国や豊の国にも勢力を持っていたと記されているが、これは緩やかな連合体のようで、支配者ということではなさそうである。さらに『日本書紀』では、磐井は御井で斬られたことになっているが、『筑後国風土記《ちくごのくにふどき》』逸文《いつぶん》によると、磐井はこのとき死なず、筑後川を遡って日田経由で英彦山《ひこさん》に入り、そこで亡くなったと記されている。もし神籠石を磐井が築造したのなら、そこに逃げ込めばいいのに、そうはしていないということは、神籠石は磐井の築造ではないということだろう。この点でも磐井説の成立は難しいだろう。

（c）『日本書紀』敏達《びだつ》天皇一二（五八三）年、百済の領土要求に対して、日羅《にちら》が「要害の個所に必ず堅固な防禦施設を築くように」と策を進言したことにより築造したとするもので、日羅建策《にちらけんさく》と言われる。

（原田大六「神籠石の諸問題」『考古学研究』第六巻第三号、一九五八年）

まず、日羅について説明すると、百済の高級官僚であるが、倭国出身である。彼の父親が、宣化二（五三七）年、百済救援のため半島に渡ったようで、そのままそこに留まり、子の日羅も百済に仕えたのか、それとは関係なく日羅が渡海して百済に仕えたのか不明であるが、この当時、百済の宮廷で重きをなしていた。敏達天皇は任那復興について心を砕いていたが、その日羅に意見を聞いて計略を立てようと考え、倭国に呼び寄せた。倭国に来た日羅が天皇の諮問に答えて出したのが、日羅建策である。

次に、「百済の領土要求」については、倭国と親しかった百済が倭国に領土の要求をしていたのか、と驚く内容であるが、日羅が百済の方針として伝えている。

しかし、これについて理解することは難しい。私なりに理解したことを示すと、まず、任那四県の割譲の出来事が、その遠因であろう。『日本書紀』継体六（五一二）年、百済より任那に属する四つの県は百済に近接しているという理由で、割譲の要求があった。倭国はこれに応じている（この件は当時から反対があった）。

次いで宣化二年、新羅が任那を侵略したため、倭国は任那に兵を送って鎮圧し、また、百済も救っている。このとき、倭国から派兵されて活躍したのが、筑紫から行った日羅の父親たちである。百済は、翌五三八年、都を熊津《ゆうしん》から泗沘《しび》に移しているので、都に攻め込まれるような重大なことがあったのかもしれない。

その後、百済は新羅との戦いで聖明王が戦死し、息子の余昌《よしょう》も包囲されて脱出できなかったとき、筑紫国造という弓の名手が活躍して余昌を救っている。これらのことから、劣勢の百済は、勇猛な筑紫の兵力を何とか手に入れたいと考えていたのではないか。当時の倭国は天皇が掌握していたとはいえ、諸豪族を従えた連合体のようなものなので、筑紫を割譲してくれと申し入れたら、任那四県の場合と同じく、倭国が応じると考えたのかもしれない。

現実にはそのような申し入れはなかったようであるが、もし企てたとしても、新羅や高句麗と対立している百済が、倭国をも敵に回すようなことはできなかったであろう。したがって、倭国としては百済の行動を注視することは必要であるが、外交で片付けられることであろう。防禦施設をあちこちに築くことまでの必要はあるまい。文言にとらわれた解釈である。
（d）『日本書紀』斉明天皇六（六六〇）年、我が国は、「兵卒を西北の辺境にそろえ、城柵を修繕し、山川を断ち塞いだ」との記事があり、このときに神籠石式山城を築いたとするものである。
（渡辺正気「神籠石の築造年代」『考古学叢考』中巻。一九八八年）

斉明天皇は土木工事の好きな人で、「水工《みずたくみ》に命じて、香具山の西から石上山《いそのかみやま》まで水路を掘らせ、舟二〇〇隻に石上山の石を積んで、宮の東の山に石を重ねて垣とし」など、大土木工事を相次いで行い、当時の人々から非難されている。このような人なので、朝鮮半島の緊迫化に伴って守りを固めるため神籠石式山城を築いたというのは、十分に考えられる話である。

これに関連して、北部九州の山城は杷木《はき》神籠石を中心に放射状に存在していることから、近くにある斉明天皇の朝倉宮を守るために築造されたが、天皇がすぐに亡くなり、その後、白村江の敗戦により、大宰府の防衛が中心となったため、その目的に合ったもの以外の山城は廃棄された、という説が最近唱えられている。興味ある説であり、私も親近感を覚えるが、大宰府の防衛が中心となったかどうかはわからない。朝倉宮は、しばらくの間は、少なくとも戦時体制が続く間は生きていたと思う。

また、『日本書紀』が斉明天皇の事績として、岡本宮の造営や田身嶺《たむのみね》の頂に垣を造ったこと、特に、筑紫への行幸に際して出兵のために駿河国で船を造ったという記事を載せながら、西日本各地に山城を築いたことに全く触れないのは不信であるが、これについては、中央集権へ向けての道を切り開いた天智天皇の事績に遠慮して、『日本書紀』は前代のことを記さなかった、という説がある。しかし、それは無視するには大き過ぎる事業であり、成立しないだろう。ただ、斉明天皇は筑紫に到着後、二カ月余りで亡くなっているので、完成は無理にしても、斉明天皇が計画し取り掛かった事業であることは認められるであろう。

この、斉明六年築造説をよく読むと、『日本書紀』は「城柵を修繕し、山川を断ち塞いだ」と書いている。この書き方は、修繕が中心と思われる。既存の城――古代山城ではない防禦施設――を修復し、足りない部分を補強した、と解するのが自然である。そうだとすると、既存の城とは何か、という問題になるが、これは不明としか言いようがない。

最近、斉明六年の記事の「我が国」とは、倭国のことではなく、百済のことという説が現われている。確かに『日本書紀』斉明六年の条を読むと、九月に百済が滅んだという報告を受け、一〇月に百済の遺臣から救援要請を受けて、一二月にようやく軍用の機材の準備に取り掛かったという状況なので、この年に兵卒をそろえたり、城柵を修繕したりする余裕はなかったと思われる。また、百済のことと解すれば、前述の「既存の城」は百済の城ということになり、不自然ではない。

（e）神籠石式山城は、朝鮮式山城と同様、白村江以降に築造された、とする多数説である。

この説に対しては、朝鮮式山城と言われる百済の亡命将軍の指導で築いた山城の石の使い方を見ると、非常に粗っぽく見える。形が長方形に切り揃えられていないし、石垣の石も大小さまざまである。大野城で土塁の下に発見された列石は、小ぶりで加工されていない自然石や割石である。神籠石の丁寧な加工とは違う印象を受ける。

したがって、神籠石式山城は、朝鮮式山城と築造時期にずれがあると考えるべきであろう。ただ、同じ神籠石式山城でも、鬼城山の屏風折れの石垣の造り方は大野城の石垣とよく似ているので、この二城は同時期かもしれない。

（f）神籠石式山城は朝鮮式山城より後、七世紀後半―八世紀前半に築造された、とする説。

この説は、韓国で最初に版築土塁の基底部に列石が発見された木川《モクチョン》土城が、統一新羅の成立（六七〇年）以降と見られていることから、日本の神籠石式山城もこれ以降とされるものである（向井一雄『よみがえる古代山城』より）。

築造時期について、代表的な説は以上である。

築造時期についての検討

さて、神籠石式山城はいつ、誰によって造られたか。私の考えを述べる前に、まず述べておかねばならないのは、現在のところ、山城の発掘調査が全く不十分である、ということである。少ない情報で判断し、断定するので、少し考えればおかしいと思うことが多数ある。代表的な例が、既に触れた朝鮮式山城の土塁での列石の存在である。少し前まで、大野城・鞠智城には列石はない、と考えられていたが、実際には存在した。表面観察で見えないから、そう判断されたのだろうが、結論を出すのは早過ぎる。同時期に築造された基肄城では

酒船石遺跡の復元された列石の写真。
石は小ぶりであるが、整えられている

まだ発見されていないが、発掘すれば発見されるであろう。

また、版築土塁を造るため、列石の前面に約三メートル間隔で柱を立てた跡が残っているが、これがその当時使われていた唐尺によるものとの説がある。しかし、三メートル間隔というのは、普通に建築で用いられる程度の幅であり、唐の時代に造られたという確たる証拠にはならないのではないだろうか。

このように見てくると、現時点の情報でいろいろ検討しても、新しい発見により、根底から覆ることがありうるということである。考古学というのは、かなり危なっかしい学問のように思えてくるが、大昔のことを文献のような拠りどころもなく、埋まってしまった地面を掘り返しながら判断せねばならないし、他人の土地を掘り返して調査するので、限界があることは理解できる。とはいえ、文献が乏しいなか、発掘調査により考古学が次々と新しい古代の姿を明らかにしていることは、十分承知している。

これらのことを前提に、限られた情報ではあるが、神籠石式山城の築造時期の判断基準になる明らかな事実を示してみよう。

①神籠石式山城は、前に記載した関野貞博士の調査報告にある朝鮮の山城と特徴が一致しているし、朝鮮式山城との共通点も多いので、朝鮮の山城の影響を受けたことは間違いない。

②奈良県明日香村の酒船石《さかふねいし》遺跡の土塁は斉明天皇の時代（六五六年）に築造されたものだが、版築《はんちく》の箇所と

石垣の部分が発見されている。版築は粘土と砂が交互に突き固められており、遺跡のある丘陵全体に版築による盛り土があることが判明した。また、石垣は五〇メートル以上続いているが、四段になっており、最下部には基礎となる石（基底石）を据えている。版築と石で神籠石を連想させるが、復元されている石垣を見ると、石の大きさは横四〇センチ、縦二〇センチ、奥行二〇センチ程度とレンガの大きなものという程度で、八〇センチ以上が普通の神籠石とは造りが異なる。

ただ、阿志岐城跡では基底石の上に一、二段石を積み重ね、その上に版築土塁を築いているところがあるので、この点では酒船石遺跡との類似性を感じさせる。

③次に版築について。版築とは、地山を削り、城壁を造るところに柱穴を掘って、柱を立て、それに堰板《せきいた》を立てかけて、地山と堰板との間に、土を層状に突き固めて城壁などを造り上げていく方法である。版築の基底部には、滑り止めのために、列石を並べることも行われている。版築は前漢の長安城では既に使用されていた。ここでは、朝鮮半島の寺院での版築の歴史の調査結果を参考に記載するが、

（i）百済では、性状の異なる粘質土や砂質土を何種類も使い分けて突き固めている。これは中国南朝の寺院建築に使用された版築が、仏教の伝来に伴って、百済に伝わったものと考えられている。

（ii）新羅では、礫と土を交互に重ねるやり方で造られており、厳密には版築とは言えない。これは、七世紀後半、天武朝になり、新羅との通交が頻繁になってから取り入れられたもので、版築技術を簡略化したものであった。この頃、寺院が爆発的に増えているので、新羅からの技術はよく使用された。この時期には、版築そのものも何種類もの土を使うのではなく、二種類程度の土を交互に突き固めるように簡略化されている。

朝鮮半島から日本に伝わってきたのは、この二つであるが、日本にはこの他に、

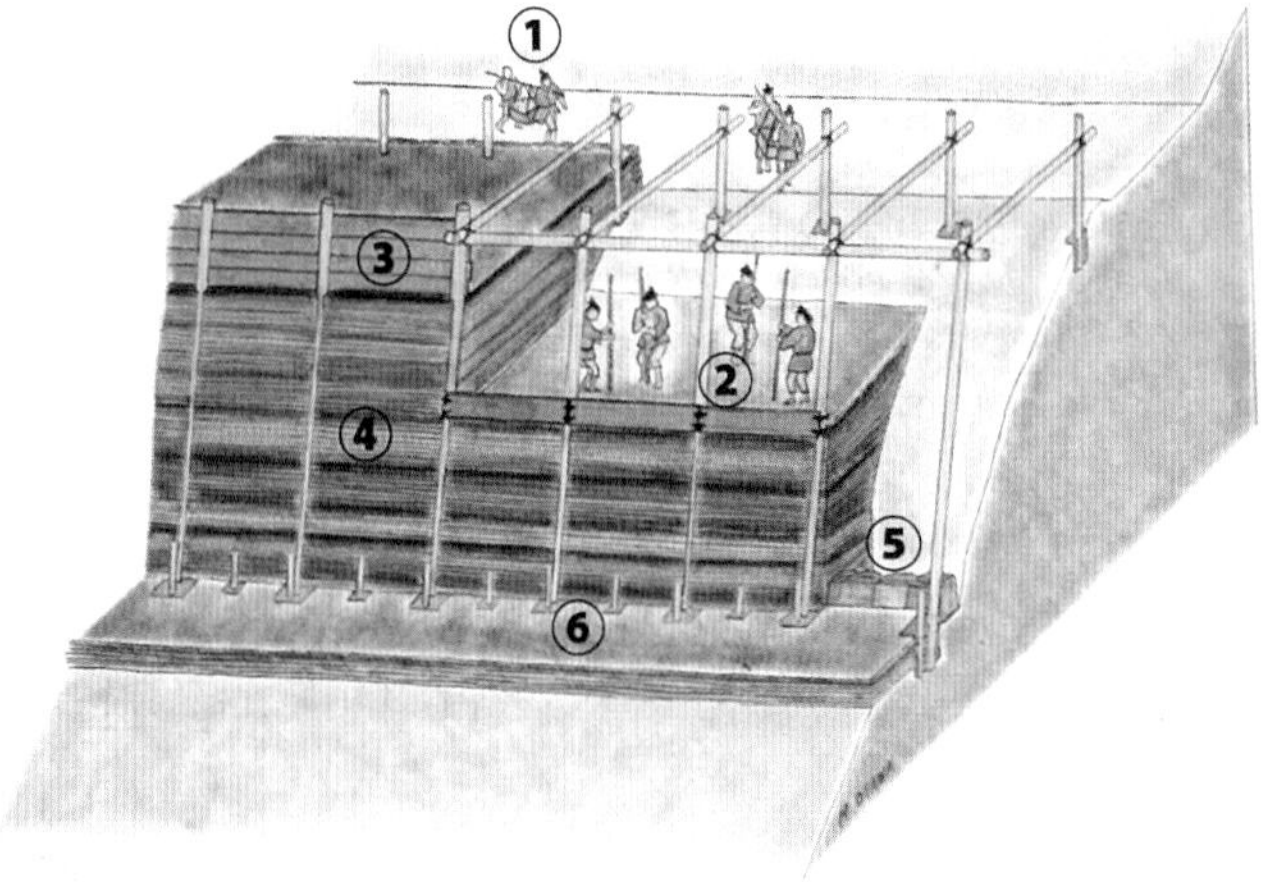

版築工事の推定図

①土を運ぶ
②突き棒で土を叩いて固める
③土留め用の板（堰板）
④版築上層
⑤版築土に包まれた列石
⑥支柱列

（「激動の7世紀 ― 御所ヶ谷神籠石とその時代」より転載。行橋市教育委員会）

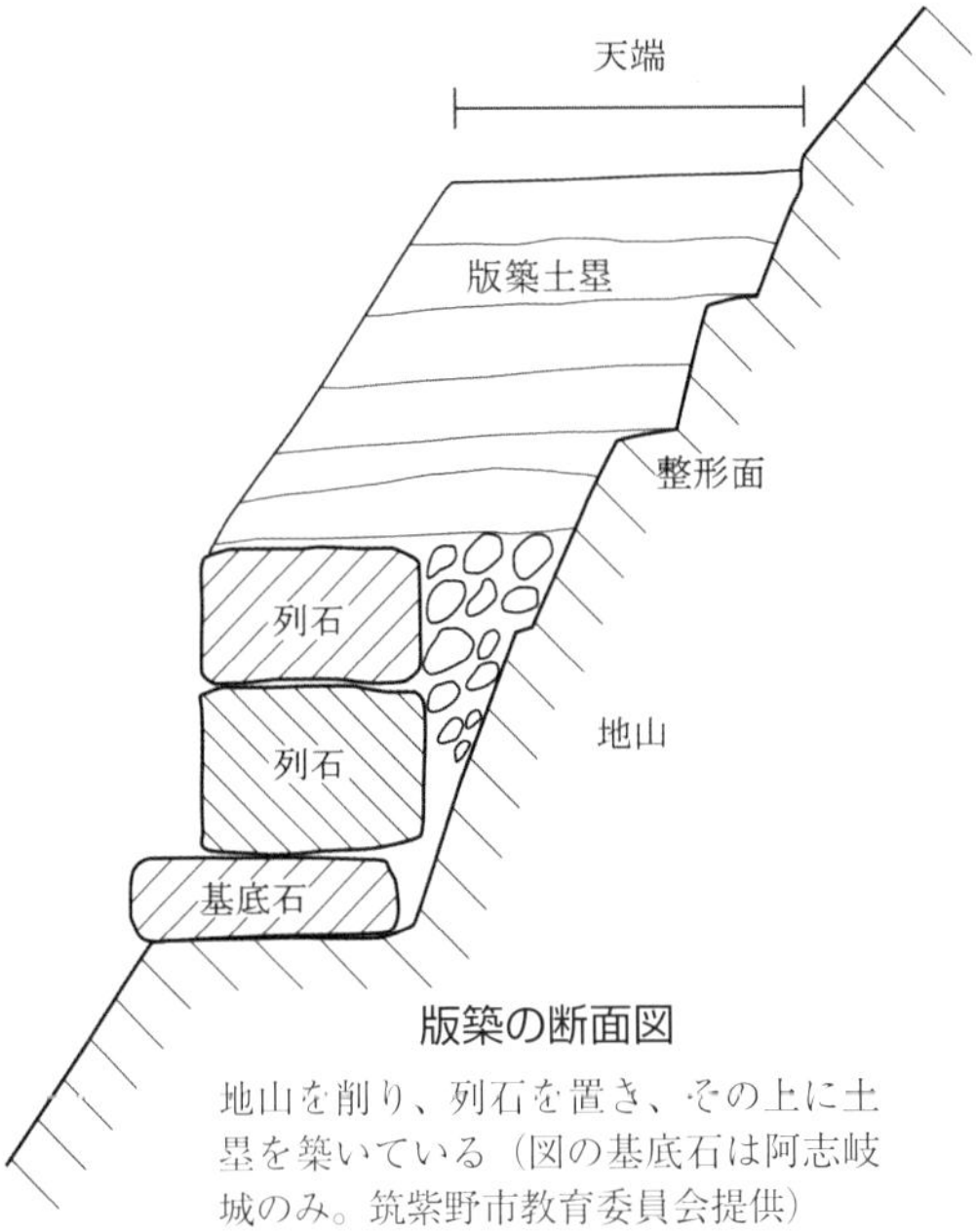

版築の断面図

地山を削り、列石を置き、その上に土塁を築いている（図の基底石は阿志岐城のみ。筑紫野市教育委員会提供）

御所ヶ谷神籠石の版築・列石・柱穴の状況。版築の下部にあるのが列石と柱穴（同前書より転載。行橋市教育委員会）

(iii) 中国から直輸入した方法がある。これは、同一の土を一貫して突き固める方法で、黄土を使った中国北朝の方式で、七世紀前半の吉備池廃寺(奈良県)の塔の基壇に使われている。恐らく、遣隋使が持ち帰った技術だろう。

日本で最初に版築を使用したのは飛鳥寺の塔の基壇(五九三年)だそうであるが、これは百済からの技術指導によって造られている(青木敬『土木技術の古代史』)。また古墳では、用明陵(五八七年に築造、五九三年に改葬)が初めて版築を使った古墳ではないか、という意見がある(矢澤高太郎『天皇陵の謎を追う』)。版築工法は、この頃(六世紀末)初めて、日本に伝わったようである。

素人考えでは、材質の異なる土を交互に突き固めるだけで崩れないのだろうかという点が気になる。以前、私は御所ヶ谷神籠石の発掘現場で版築の現物に触れたことがあるが、非常に固く締っており、削ろうとしても削れるものではなかった。一三〇〇年前のものでも、こんなに固い状態を保っていられるのかと驚いたことがある。

④韓国において、近年山城の発掘調査が進んでいるが、その調査結果によると、土塁の下に列石が出現するのは、早くて高句麗・新羅・百済の三国時代の末、一般化するのは統一新羅(六七〇年)以降とされている(向井一雄『よみがえる古代山城』)。

この見解によれば、日本に伝わったのはそれ以降ということになる。列石の設置がこれ以前に日本で独自に考案されたと考えるのは困難ではないか、というのが向井氏の意見であるが、古墳の墳丘に土嚢・土塊を用いているのを見ると、滑り止めに土嚢・土塊の代わりに石を置くという発想は自然と出てくるようにも思える。

⑤古代山城の配置について。大野城・基肄城・阿志岐城により、水城の内陸側にある大宰府を守護するとい

高良大社社務所北側。道路を挟んで、左側は列石があるが、右側はなく、急斜面になっている。右側は地震により滑り落ちた可能性がある

う考えを基本に、ここを突破されたときに官道沿いに山城を設けて防戦する、さらに瀬戸内海にも中国と四国の両側の要衝に山城を設置する、最後に飛鳥の地を守るため、大和川を見下ろす山上に高安城を築く、という配置になっている。

⑥『日本書紀』天武七（六七八）年に「筑紫国で大きな地震があった。地が幅二丈、長さ三千余丈にわたって裂け、百姓の家がいたるところの村々で数多く倒壊した」とあり、発掘の結果、地割れが発見されている。

高良大社社務所北側は急斜面となっており、列石線はここで途切れている。もし、列石線が地震によって滑り落ちたとすれば、この時点で列石が存在していたことになる。列石がある上の部分に比べて、かなりの急勾配のため、地震の影響を受けたことは間違いないと思われる。

⑦神籠石式山城の築造は、高いものは標高四〇〇メートル、低いものは標高五〇メートル付近に造られており、物件によって高低差が大きい。おつぼ山神籠石（標高五〇メートル）の第一水門（四〇頁の写真参照）は、標高一二メートルのところまで下りている。この高低差にどんな意味があるのか、何故同じくらいの高さにしないのか。

讃岐城山城の門扉取り付け穴。現地でホロソ石と呼んでいる。これは途中で放棄されたようだ

おつぼ山神籠石におけるL字型切り込み。列石の上部手前を切り込んでいる。石の高さを揃えるためといわれている

⑧北部九州の神籠石式山城の列石は、概して大きい。横八〇－一二〇センチ、縦六〇－八〇センチ程度のものが多い。これに対して、瀬戸内の神籠石式山城の列石は、私の見るところ、小さ目である。また、石垣の石も大小混在していて、北部九州のようなボリューム感はない。

⑨神籠石式山城の土塁で囲まれた内部に平地はあまりなく、有事のときに多くの人間が逃げ込むことは困難である。戦闘員だけしか想定していなかったのだろうか。

⑩実戦との関連では、例えば御所ヶ谷神籠石の中門手前両側の張り出しのように、実戦に即した構造の城壁もあるが、⑦で述べたおつぼ山神籠石や鹿毛馬神籠石のように、平地とあまり変わらない高さのところにあるため、攻められたときに防戦できるのかどうか疑問の山城もある。また、瀬戸内の山城は山頂付近にあるのが多いが、水の確保を長期間できるのかどうか疑問である。長期の籠城は困難だろう。

このように、神籠石式山城には実戦に役立つとは思えないところがいくつかあるので、築造目的や用途が異なるのではないか、という気もする。

⑪とはいえ、築造場所の選定や版築・列石という築造方法に共通するところがあるので、単独で単発的に造られたのではなく、国家権力がかかわっているのは間違いないであろう。しかし、実際に築造したのは、記述がないことから、地方の有力者であろうか。山城近くの平地に古墳が多いことからもそう推測される。

⑫列石を並べる際に、おつぼ山神籠石や御所ヶ谷神籠石のように、石の手前上部をL字型にカットして石の高さを揃える工夫をしているところと、それが確認できないところがある。また、門扉を取り付けるため、石を刳りぬくのに、その穴に丸と四角があり、細かいところではあるが、統一されていない。国家から技術者が来て指導したが、細かいところは現地の技術者が地形・地質などの違いを考慮して造ったのかもしれない。報告書の中で、九州内の神籠石式山城に門扉の取り付け穴の記述が見当たらないが、見つかっていないためか、あるいは、そういうもののない九州内の方が古いと言えるのかもしれない。

神籠石式山城の築造時期を判断するのにヒントとなる点を記述したが、決定的なところはない。考古学の発掘成果を重視したいが、今のところ不十分である。

神籠石の築城時期についての私見

文献と今までの考古学の成果から、私は次のように考える。

斉明七（六六一）年三月、天皇は海路博多港に入り、五月に朝倉橘広庭宮《あさくらのたちばなのひろにわのみや》に移り住んだ。そのとき、宮の建築材料にするため朝倉杜の木を切り払ったので、不吉なことが起こっている。二カ月後の七月に天皇は崩御したが、その間に朝倉宮を守るため、防禦施設の構築を指示したのではなかろうか。三月に博多港に着いてから、いや、博多港に着く前、征西に出発するときから五月に朝倉宮に移るまでの間に、宮の候補地や防禦

朝倉橘広庭宮跡。朝倉市須川にある宮の推定地に経つ碑。朝倉宮跡は発見されていないが、地形的な有利さを考えると、朝倉市内であることは間違いないだろう

のことを検討するのは当たり前であり、宮の建設とそれを防禦する施設の設置はセットと考えるべきである。斉明天皇は明日香村の酒船石《さかふねいし》遺跡のような土木工事が好きな人だったから、なおさらである。このとき、朝倉宮に近い杷木《はき》神籠石と南側に隣接して東西に延びる耳納《みのう》山地の西の先端にある高良山《こうらさん》神籠石の二つは、少なくとも工事に取り掛かったと思われる。周防灘《すおうなだ》に出る官道沿いの鹿毛馬《かけのうま》神籠石と御所ヶ谷《ごしょがたに》神籠石も、取り掛かったであろう。

また、博多港に上陸してから朝倉宮に来る道中で水城《みずき》のある地峡を通ったはずだから、ここにも防禦施設を造る必要性は感じていたと思う。ただ天皇が亡くなったため、計画が遅れ、白村江以後になったのであろう。その他のいくつかの神籠石についても、選地はある程度行い、天皇の没後、工事に取り掛かったと思われる。

先に『日本書紀』が斉明天皇の土木工事を記しながら、西日本に山城を築いたことを記さないのは不信だと書いたが、全体の計画がまだできていなかったから書けなかったのではなかろうか。

天皇没後も工事は進められていた。天皇が亡くなり、あとを継いだ中大兄皇子《なかのおおえのおうじ》は飛鳥の地に帰ってしまったが、百済救援のための拠点としての朝倉宮は生きていたからだ。その後、白村江の敗戦を受けて、百済の亡命将軍に改めて整備を急がせたのではないかと思われる。例えば、御所ヶ谷神籠石の中門の石積みは、下半分は非常に丁寧に積んであるが、上部は重箱積みで荒っぽいことを見ても、途

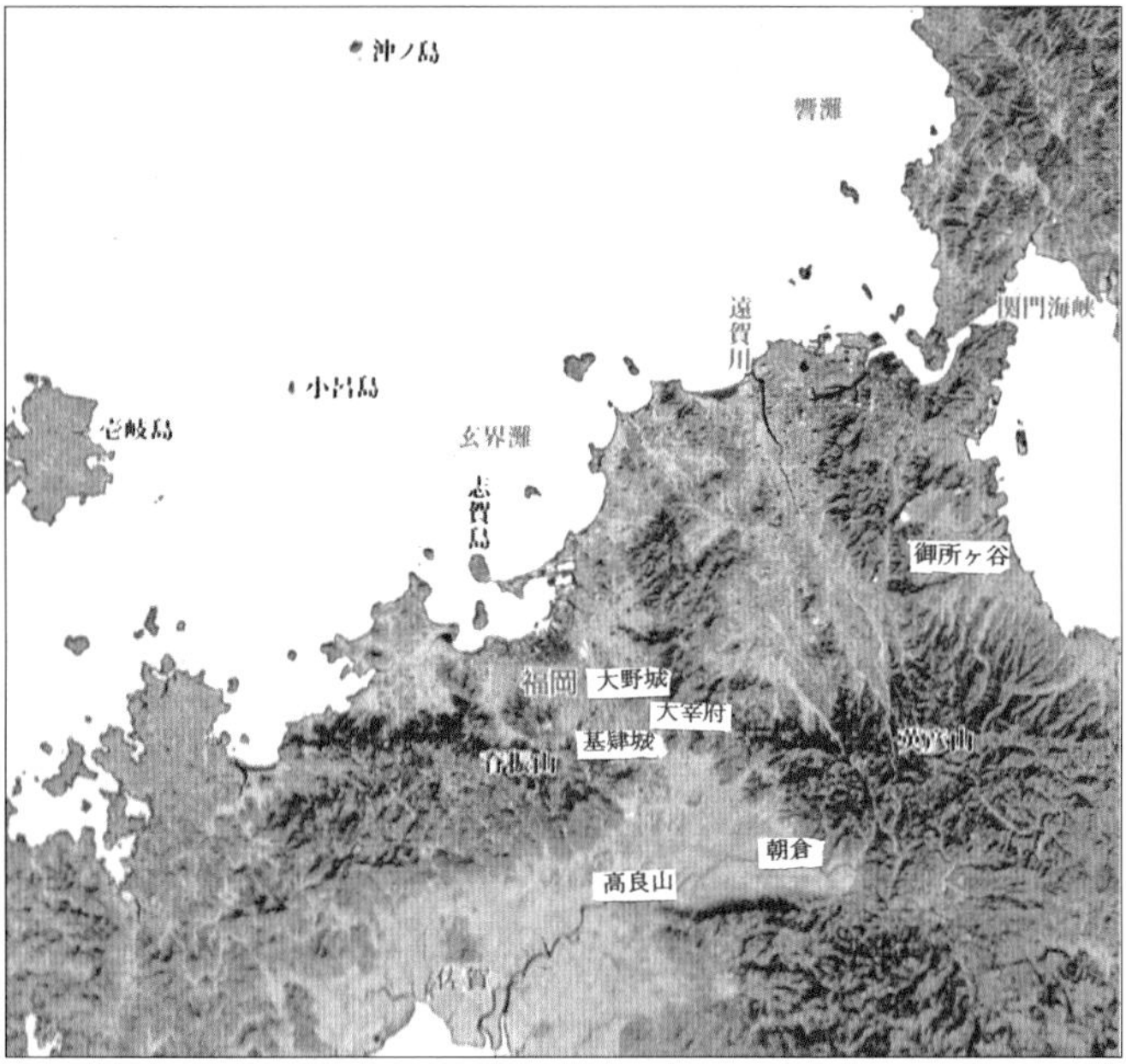

博多湾から朝倉までの地図

朝倉が博多湾からも有明海からも内陸にあり、好立地であることがわかる（ランドサットによる航空写真）

中で事情の変化があったことを窺わせる。

要するに、山城の選地は斉明天皇のもとであらかたなされ、杷木神籠石・高良山神籠石を始め、九州内のいくつかの山城は天皇の存命中からその死後も工事が続けられた。その後、白村江の敗戦により防衛の緊急性が高まり、百済の亡命将軍に整備させた、瀬戸内以東の山城は、これ以降である、というのが私の見解である。

そう考えると、大野城や基肄城などの『日本書紀』記載の山城が大宰府を防衛するために造られた、というのもおかしくなってくる。『日本書紀』で大宰府が初めて出てくるのは、天智六（六六七）年一一月に百済の鎮将劉仁願《りゅうじんがん》が倭国の遣唐副使らを「筑紫都督府《つくしのととくふ》」（恐らく大宰府）に送ってきた、という記事と思われる。「都督府」という名称は、その直前に出てくる唐が百済統治のために置いた行政府である「熊津《ゆうしん》都督府」の影響を受けたものであろう。それ以前には、推古一七（六〇九）年に「筑紫大宰《つくしのおおみこともちのつかさ》」ということばが出てくるが、その後は出てこないし、斉明天皇は博多港に着いた後、磐瀬行宮《いわせのかりみや》（福岡市三宅か）から朝倉宮に移っており、また斉明天皇没後、中大兄皇子が海外の軍事を行ったのは長津宮（磐瀬宮を改称）で、大宰府は一言も出てこない。したがって、この頃まで駐在者がいたとしても、外国使節や遣唐使の取り次ぎ程度で、大宰府の実体はなかったと思われる。場所も筑紫の那津《なのつ》で、今の位置ではないだろう。その後、天智八年正月に蘇《そ》我赤兄臣《がのあかえのおみ》を、天智一〇年六月に栗隈《くるくま》王を筑紫率《つくしのかみ》に任じた、という記事がある。栗隈王は壬申《じんしん》の乱のときの記事で筑紫にいることがわかるので、この頃、大宰府の体裁は整っていたのかもしれない。また、現在までの大宰府の発掘調査の結果を見ると、大宰府政庁の第一期工事は七世紀の第三四半期であり、『日本書紀』の山城の記述と符合する。古代山城と同時期のようだ。

大宰府政庁跡。この地に移ったのは、古代山城と同時期のようだ

しかし、当時は戦時体制である。急を要するときに、斉明天皇のように天智天皇が筑紫に行幸することはあり得る。そのときにどこに滞在するか、それは朝倉宮であろう。大宰府に行くことはもちろんあろうが、滞在基地としては朝倉宮になるだろう。したがって、守るべきは朝倉宮であり、大宰府は二次的なものになると思う。

大宰府が第一義的な存在であれば、その移転を史書に記さないということはおかしなことであるが、白村江戦後の混乱のゆえか、城を造るのが喫緊の要事で、政庁の移転はそれほどのこととは考えられていなかったと見ることもできよう。古代山城築造の途中で政庁が大宰府に移転したので、その防衛機能を果たすことも追加的に考えられたのだと思う。私は、古代山城の築造について、大宰府をそれほど重視しない。この点で、大宰府の防衛を中心と考える諸説と異なる。

その後の古代山城

白村江以後の山城

次にその後の歴史を見てみよう。白村江の敗戦後、倭国は、唐と新羅の連合軍の来襲に備え、防人《さきもり》と烽《すすみ》を置いたり、山城を造ったりした。また、内政的にも、冠位を二十六階に変更したり、氏族政策を推し進めたり、戸籍をつくったり、水時計をつくったりして、改革を急いだ。

しかし、朝鮮半島の支配のしかたをめぐって、新羅と唐との間で戦争が起こり、新羅が半島から唐を追い出すという事態が生じた（六七〇年）。その後も新羅から倭国へ朝貢があったりして、結局来襲はなかった。

前述の白村江前後の年表の中で、白村江直後に唐の郭務悰《かくむそう》らが来て上表文を奉っている。その翌年には、同じく唐の劉徳高《りゅうとくこう》ら二五四人が来て上表文を奉っている。これは何を意味するか。後者については、白村江の戦いでの捕虜を連れてきた、という説があるが、不明である。また、郭務悰は天智一〇（六七一）年にも総勢二〇〇〇人でやってきているが、目的は不明である。このときには、捕虜を返還にやってきたという説の他に、自国の軍隊を連れてきて北部九州を占領したという説もある。その他、唐から李守真《りしゅしん》という人も来て、文書を奉っている。これらの上表文が倭国側にとって不利であれば、『日本書紀』にそれへの対応を記すだろうが、特に書いてないということは、何もなかったのかもしれない。翻って、白村江の戦いを唐側から見れば、数ある戦いの一つに過ぎず、それより唐としては高句麗征討を優先しており、その際、背後から倭国に攻められるのを恐れたのかもしれない。

ともあれ、唐と新羅が当面攻めてくる様子がないことは、倭国側としても、よくわかっていたのではなかろうか。
しかし、それにもかかわらず、山城の工事は続けられ、また使用されたようである。発掘調査で七世紀後半から八世紀前半にかけての土器が出土することや、『日本書紀』『続日本紀』に修理の記事が出ることから推測される。

来襲の危機が遠ざかったのに造られ続けたのは何故だろうか。

ここで思い出されるのは、この時代の倭国に君臨していたのが、天武天皇であることである。『日本書紀』によると、天武天皇の言として、「政治の要は軍事である」（一三年閏《うるう》四月の条）とある。つまり、天武政権は軍事政権であった。これを裏付ける出来事として、天武天皇は、高安城に視察に行ったり（四年二月）、竜田山と大坂山に関を築いたり、難波に羅城《らじよう》（京の周囲を廻らす城壁）を築いたり（以上、八年一一月の条）、また、新城《にいき》に都をつくろうともしている（五年是年条）。

都城や宮室は一カ所ではなく、必ず二、三カ所に造るべし（一二年一二月の条）とも言っており、同月には、諸王らを全国に巡行させ、諸国の境界を区分させた。また、文武官は皆武器を使い、馬に乗れるよう努めよ（一三年閏四月の条）と命じている。

これらを総合的に考察すると、天武天皇は自己の都城の防御に力を注ぐとともに、西国諸国にも同様の防御施設の設置を要求しているようである。『日本書紀』の天武紀は、かなり詳細に出来事を記述しているにもかかわらず、北部九州から瀬戸内に連なる大掛かりな山城の築造が全く記述されていないのは不信であるが、前代から引き続いて行われた工事であるゆえ、特に記述しなかったのであろう。ただ、工事の規模は徐々に縮小され、天武天皇の死とともに中止されたのではないだろうか。また、臨戦体制という天武紀の状況の中で、地方の有力者により築造されたのは間違いなかろう。古代山城の近くに古墳がたくさんあることから、そう推測できる。

天武政権が軍事政権となったのは何故だろうか。恐らく、天武天皇自身、白村江での倭国側の戦いぶりを見て、各豪族の寄せ集めの軍隊ではとても唐には勝てない、中央政府が統率した軍隊で戦うことが必要だ、と感じたのではなかろうか。中央集権体制を整える必要性を痛感したに違いない。

天武天皇後の山城

では、古代山城は、実際にはどのように使われたであろうか。実戦に使われたかどうかについては、恐らく否であろう。鞠智《きくち》城について、史書は兵庫に使われていたと書いているので、城内の建物は兵器や食料の備蓄に使われたのであろう。

ここで、史書から古代山城について記したところを抜き出してみる。

文武二（六九八）年

　大宰府に命じて、大野・基肄《きい》・鞠智の三城を修理させた。

　高安城を修理した。

文武三（六九九）年

　高安城を修理した。

大宝元（七〇一）年

　大宰府に命じて、三野・稲積の二城を築かせた。

　高安城を廃止し、その建物や種々の貯蔵物を、大倭《やまと》・河内《かわち》の二国に移貯した。

和銅五（七一二）年

御所ヶ谷全景（右）と東側の馬ヶ岳城（左）。中世には、馬ヶ岳山頂に城が築かれた。馬ヶ岳城は一時期黒田官兵衛の居城となっており、そのとき豊臣秀吉が薩摩遠征に際してこの城に２泊している

元明天皇が高安城に行幸した（廃止したはずだが）。

養老三（七一九）年

備後国安那《あな》郡茨城《いばらのき》・葦田《あしだ》郡常城《つねのき》を廃止した。

天平勝宝八（七五六）年

怡土城の築造に取り掛かる。

宝亀五（七七四）年

大野城内に四天王寺を建立した（造寺の目的は、新羅が我が国の隙をうかがっているという香椎宮の託宣があり、仏の力により国家を守護するため）。

天安二（八五八）年

菊池城院（鞠智城はこの時代にはこう表記されている）の兵庫《へいこ》の鼓《つづみ》が自ら鳴る（この年に三回鳴っている）。また不動倉《ふどうそう》一一棟が火災に遭う（鼓が鳴ったり、火事が起こったのは、この頃頻発した地震の影響か？）。

元慶三（八七九）年

菊池城院の兵庫の戸が自ら鳴る。

これ以降、史書に古代山城が登場することはないが、ここに見る限り、実戦に使われたという記述はない。

当初の戦闘目的に使われなかった理由は、唐・新羅の軍勢が攻め込んでくることがなかったことによるが、城内に平地が少ないので多人数を収容できないこと、山全体を取り込んでいるので修理などの維持費がかさむこと、⑩に見るように実戦向きと思われないものがあることにより、使い物にならなかったのではないか。

とりわけ重要な理由は、日本は四囲を海で囲まれているので、中国や朝鮮半島のように、絶えず侵略が繰り返される状況ではなかったこと、日本人の戦法は、国内深く敵を誘い込んで殲滅《せんめつ》するのではなく、水際で押し返すのが得意であったことによると思う。これは、後の元寇や幕末の攘夷運動での戦い方を見ると感じられることである。ただ、元寇時に博多湾で敗れた鎌倉武士たちが水城付近まで退いて態勢を整えたという話もあるので、その限りでは古代山城も役に立ったのかもしれない。しかし、これは例外で、朝鮮半島の国の真似をして山城を造ってはみたものの、大掛かりな山城を築くのは、日本人には合わなかったのだろう。

それゆえ、時代が下り中世になると、古代山城の立地条件は生かしながらも、その城内、または近くの山にコンパクトで機能的な城ができることになった。高良山神籠石の横の杉ノ城、杷木神籠石の中の鵜木《うのき》城や長尾城、御所ヶ谷神籠石の横の馬ヶ岳城などがそうである。また、唐原《とうばる》山城跡のように、列石が一部持ち去られて中津城の石垣に転用されたところもある。

こうして古代山城は忘れられ、埋もれていった。ただ、もともと信仰の山だったのか、それとも列石の存在により神聖さを感じたのか、城内に神社や宗教施設があることが多い。

古代山城の課題

古代山城の復活と課題

鹿毛馬神籠石の水門。平地に近いところに築かれている

古代山城のいくつかは地元では古くから知られていたが、一般に知られるようになったのは、先述した神籠石論争からである。神籠石論争は一応の決着が着いたが、神籠石及び古代山城の問題は、実はまだ終わっていない。

その一つは、神籠石式山城がまだ他にも発見される可能性があることだ。例えば、平成一一（一九九九）年に発見された福岡県の阿志岐《あしき》城跡は、大宰府を取り囲む羅城《らじょう》を想定したところから発見されたものだ。同様に考えると、福岡県北部の玄界灘沿いや、兵庫県たつの市の播磨《はりま》城山《きのやま》城跡から大阪府の高安城跡の間に発見されてもおかしくない。淡路島にもあってよい。

その二つは、発掘をさらに進めたら、随分違った様相が現れるかもしれないということだ。私は神籠石式山城について、先述のように、斉明天皇の時代からと推測しているが、今後の研究によっては、これが覆る可能性もある。

三つ目は、古代山城は完成していたか、ということである。唐原《とうばる》山城跡が築造途中で放棄されているのは明らかであるが、高良山《こうらさん》神籠石・鹿毛馬《かけのうま》神籠石・阿志岐《あしき》城跡など、土塁や列石が続いているべきところにないことがある（高良山神籠石は地震により、一部が崩壊した可能性がある）。今後発見される可能性はあるが、今のところは未完成だと思われる。讃岐《さぬき》城山《きやま》城跡もホロソ石（礎石のような石造物）などを見ると、途中で放棄されているようであり、近くの屋嶋城に取り掛かったあと、放棄されたのではないか。その屋嶋城も、北嶺に遺跡が発見されていないのを見ると、未完成だったのではないか。御所ヶ谷神籠石は完成に近かったように見えるが、礎石が一カ所しか発見されていないので、まだ完成してはいなかったと思う。私は完成したのは、大野城と基《き》肄《い》城のみと思っている。

何故完成しないまま放棄されたのかはわからないが、唐や新羅の来襲の危機がほぼなくなったことや、天武天皇の考える中央集権化が達成されたことなどの理由が考えられよう。

四つ目は、神籠石式山城の立地の問題である。多くは官道や海を眼下に見下ろせる好立地にあるが、おつぼ山神籠石や鹿毛馬神籠石は官道に近いとはいえ、内陸部の、しかも低い丘陵にあり、防衛目的が果たせるかどうかはっきりしない。

鹿毛馬神籠石については、推測できることがある。安閑二（五三五）年、各地に屯倉《みやけ》を置いた記事の中で、筑紫の国には鎌《かま》と穂波《ほなみ》に屯倉を置いた、とある。それらの正確な場所はわからないが、近くにある鹿毛馬神籠石をその後身と考えれば、こういう低い丘陵に山城を築いた理由を推測できる。つまり、兵器や食料を補給する基地（兵站基地《へいたんきち》）として築いたのではなかろうか。もう一つ、備後国安那《あな》郡にも屯倉を置いており、養老三（七一九）年、備後国安那郡の茨城廃城記事の茨城も、元は屯倉だった可能性が高い。

このように、低い丘陵にある山城は、戦闘より兵站が目的だったのではないかというのが、私の考えである。

また、雷山《らいざん》神籠石は、敵が海から近づくときに、いち早く発見し側面攻撃できる位置にあるが、雷山の中腹にあるため、下からの攻撃には応戦できるものの、回り込んで上から攻め込まれたら、比較的簡単に突破されるだろう。雷山の近くには、奈良時代に築造された怡土城《いとじょう》があるが、こちらの方が場所的に適している。なのに、雷山に築造したのは何故だろうか。これらの理由をうまく説明できることが必要である。

五つ目として、もっと重要なことは、一つ目と関連するが、九州の玄界灘沿いに全く発見されていないことだ。これは、唐が攻めてきた場合、まず大宰府を攻め、そこを突破してから、陸地を官道に沿って攻めて周防灘に出る、という前提で築造されているように見えるが、斉明天皇が海路博多港に入ったことが示すように、海のルートも整備されている。唐が百済を滅ぼした際、百済の首都から国王を唐の洛陽に連れ去っていることから見て、唐にとって最終的な目標は、大宰府ではなく、倭国の首都にいる天皇であることは間違いない。そこを攻めるには、船で関門海峡を越えた方が時間も短縮できるし、倭国側の抵抗もあまり受けずによいのではと思う。恐らく、唐・新羅側はそうするだろうと思うが、大宰府と陸地にこだわっている。これは何故だろうか。

一つの説として、唐の軍隊を水城のある地峡におびき寄せ、大野城と基肄城の軍隊に対応させる、そこを突破されると、次は筑後平野の高良山神籠石の軍隊で防戦して、唐の軍隊を消耗させる、という考え方があり、この考え方は一理あると思う。しかし、唐の軍隊が乗ってくるかどうかは、わからない。

六つ目は、古代山城は防禦施設として有効だったか、ということである。戦争の際、敵が攻めてきたときに、そこへ役人や兵士・民衆が逃げ込んで、ひたすら守って、相手の兵站が尽きて帰っていくのを待つ、という戦法で、高句麗はこれで隋の大軍を三度も押し戻した、また唐の大軍も押し戻したという事実がある。しかし、日本の古代山城では、既に触れたように、平地の部分が少なく、とても一般人まで逃げ込めたとは考えられないし、持久戦には持ち込めないと思う。形式的に朝鮮の山城を模倣しても、役に立たないのではないか。にもかかわらず、造り続けたのは何故か。天武天皇の軍事政権としての性格から、という私の考えを先述したが、これほど大規模な工事をしなくても、他に方法があったのでは、と疑問は残る。

なお、新羅と唐が組んだとき、倭国が百済を援助したことについて、唐を相手に勝てるわけがないのに無謀なことをした、という評価が一般的である。確かに、状況の把握と分析がずさんであることは、間違いない。

天拝山山頂から博多湾方面を望む。中央に水城、左奥に博多湾、右側は大野城。博多湾から攻めてきた敵を水城と大野城で迎え撃つ配置になっている

しかし、この当時、高句麗は百済に接近しており、高句麗が隋・唐相手に善戦している情報は、百済を通じて十分に伝わっていたと思う。したがって、当時の倭国の首脳部は、彼らのために弁護するとすれば、唐と戦って十分勝てると考えていたに違いない。結果は、戦術の拙《つたな》さで負けたが、軍隊の指揮系統を統一して臨めば勝機はあった、と天武天皇はそう考えていたのではないか。

七つ目は、古代山城は、本当に大宰府を守護するために造られたのか、という問題である。地図で見ると、大宰府政庁は博多湾方面から見て水城のすぐ内側にある。水城が突破されると直ちに大宰府は危険にさらされる。守護すべき対象をこんなところに造るのだろうか。古代山城は大宰府を守るために造られた、というのが通説だが、こう考えると、大宰府の位置づけとして、それほど重要な存在だったのかどうか疑問である。大宰府を守護するという考えは、特に朝鮮式山城を擁する自治体で顕著であり、その調査報告書は、当たり前のように大宰府の守護を前提に書いていて、この考えに凝り固まっている印象を受ける。

私は、前に述べたように、古代山城は、斉明天皇の朝倉宮を守るために造られ始めたが、途中で大宰府が入ってきたのだと考えている。天武天皇時代も含め、この当時は戦時体制であり、守る

べきは朝倉宮であろう。朝倉宮の記事は、斉明天皇没後には出てこなくなるが、廃止したわけではあるまい。危急のときには天皇の在所になったはずである。それゆえ、大宰府より天皇の宮である朝倉宮の守護を第一に考えるのは当然だと思う。

大宰府は、「遠《とお》の朝廷《みかど》」と呼ばれ、飛鳥の京につぐ重要な政治の拠点だというのは事実であるが、こう呼ばれるようになったのは、もっと後の時代ではなかろうか。「朝廷」と呼ばれるほどの存在なら、『日本書紀』がその移転を書き漏らすはずはない、と私は考える。

一つ気になるのは、長津宮のその後である。斉明天皇没後、中大兄皇子が長津宮で海外関係の政務を行ったことは先述したが、中大兄皇子が飛鳥に帰ったあと、この宮の記事は出てこない。場所は福岡市三宅付近と考えられており、那津《なのつ》にあったと思われる大宰府の前身とは異なるが、那津の拠点が大宰府に移ったとき、長津宮はどうなったのだろうか。那津の拠点に従って大宰府に移ったか、朝倉宮に統合されたか、あるいは廃止されたか。私は、天皇の宮を水城のすぐ内側におくとは考えられないので、朝倉宮への統合か廃止かだろうと思う。

これらのことが解明され、整理されない限り、古代山城の問題は解決しないだろう。

今後の古代山城

古代山城の歴史的な役割

さて、このような古代山城は、日本の歴史にどのような影響を与えたであろうか。

外国からの脅威に対して国家の存亡をかけて壮大な山城を造ったが、結局外国からの攻撃はなかった。その

御所ヶ谷神籠石の中門（東側より）。アーチ型をしているのがわかる。手前に水流があり、ここにかつて城門と水門があったらしい

限りでは、労働力と財力の膨大な無駄使いである。

しかし、西日本各地の豪族に外国からの脅威を理由に大掛かりな山城を造らせることにより、天皇の支配力＝中央集権の強化に寄与したことは間違いない。それまでは、倭王権が一応統一したとはいえ、豪族の発言力はなお強かったから、その力を削いで、日本国を真に統一するのに役立ったのだ。そういう意味で、古代山城は中央集権的統一国家成立の影の主役の一つと言っていいかもしれない。

次に、古代山城のような大きな構造物は維持管理に手数がかかり過ぎることから、平安期以降の山城は、峰を取り込まずに山頂付近の一角にコンパクトに築造されるようになった。外敵には元寇防塁のように水際で阻止するような施設を設置し、国内の敵には古代山城の中、または近くの山に効率のよい城を造ることになった。そして、その城が新たに地域統一のシンボルとなった。これは、古代山城を造った経験が生かされた結果とも考えられる。

このように、古代山城は山城そのものとしての機能より、国家や地域の統一のための手段として役立ってきたと思われる。また、山を穿《うが》ち、谷を塞ぐ土木技術は、その後の日本の治山治水技術の発展に役立ったと考えられ、その役割は決して小さくない。その一つの例として、御所ヶ谷神籠石の中門は、現代のダムと同様、アーチ型をしているが、この時代にこのような知識があったとは、土木に素人の私には驚異である。

古代山城の今後

さて、地味ながら日本の歴史に大きな影響を与えたと思われる古代山城であるが、私たちは今後これをどのように扱うべきであろうか。

一九九〇年代から古代山城を擁する自治体が、保存整備を目的とした発掘調査を進めてきた。その結果、調査された古代山城の大部分が国史跡に指定されている。平成一九（二〇〇七）年度には神籠石を擁する自治体が集まって、神籠石の紹介や保存管理方法などを話し合う「神籠石サミット」なるものが発足し、後には朝鮮式山城も加えて、「古代山城サミット」となって、現在も続いている。

各自治体では、神籠石の発掘結果を報告書としてまとめているが、報告書の最後には、今後の史跡の活用方法について言及しているところがある。その内容はいずれも似通っているが、その中で今後の活用方法を比較的詳しく述べている光市教育委員会（石城山神籠石を擁する）のものを見てみると、次のものをあげている。

①地域住民と行政が連携して、有効活用を模索する。
②古代山城の多様な歴史的価値の把握に努めて、地域の貴重な財産として多くの人々が認識できるよう情報発信する。
③自然環境に調和した史跡の活用を目指す。
④周辺に残る他の歴史的資産と一体化した活用に取り組む。

また、具体的な活用方法として、

①現地を訪れる人々が安全に歩けるよう、散策道や案内板などの整備を行う。

②周辺に残る歴史的施設を取り込んで、一体的な有効活用を図り、さらに総合的な「歴史ストーリー」の作成に取り組む。

③古代山城に登ったときの眺望のよさを有効に活用する。

④健康増進のためのウォーキングコースとして周知を図る、以上のことをあげている。

いずれも、古代山城を知り、親しんでもらうために必要なことであるが、その中では私は、周辺に残る他の歴史的資産と一体化した活用に取り組むことを、特に重視したい。古代山城の存在する地の環境については、第Ⅱ部を参照いただきたいが、いずれもその地を選んだ理由がある。現在は山奥でも、築造当時は官道や海に近く、交通の便にも比較的恵まれているところが多い。恐らく、当時の一等地である。近くには古墳や集落の遺跡もあることが多く、これらを総合して考えないと、古代山城の真の意味がわからないだろう。

そのためには、並行して発掘をさらに進めて解明されていない事項を明らかにすることが必要である。考古学の進歩が著しいことはよく理解しているが、まだ推測が多すぎて、真の姿がわからない。

古代山城の存する自治体では地道に発掘調査をしているが、そのスピードは決して速いとは言えない。最初の調査以降、何もしていないところもある。その中にあって、「古代山城サミット」は互いの山城の現状を知り合い、調査を進めるにあたって、刺激になる良い会合である。最近のサミットは低調だとも聞いているが、歴史上日本で造られた最も大掛かりな構造物である古代山城の調査をさらに進めて、未だ明確でない点を解き明かし、その価値を人々に知らせてもらいたいと思う。

Ⅱ 各古代山城の概要

御所ヶ谷神籠石東門を登った先の列石。
列石が露出しているのはここだけである

各古代山城概観

ここでは、各古代山城について、「所在地」、「環境」、「標高」、「全長」、「遺跡の内容」、「土塁・石塁」、「その他」の項目に分けて説明する。内容は、私が実際に現地に出向いて見分したこと、現地で手に入れたパンフレット類、古代山城の存する自治体が発行した調査報告書などをもとに記載している。ただ、調査報告書にあるような専門的な説明は本書の目的ではないので、あまり触れていない。

古代山城の大部分は交通の不便な山中にあるため、一部の山城には今の時点ではまだ行っていないが、調査報告書などでおおよその概要は摑める。

古代山城は、国家がかかわっているため、大括りでとらえると共通しているが、細かく見ると異なる点が多い。この異なる点がどのような理由によるのかわからないが、現地の技術者がそれぞれの地域の地形や地質の違いを生かして築造していることによるのかもしれない。

古代山城の中を歩いていると、思いがけなく眺望のよいところに出ることがある。眼下には平野や海が見渡せ、古代人も同じ景色を見たのかと思うと、古代人と気持ちがつながっているような気になる。また、よく加工された石やがっしり組まれた石垣・突き固められた版築《はんちく》を見ると、現代人に劣らぬ古代人の技術力のすばらしさを感じる。

以下の記述の順序は、『日本書紀』に記載の大野城《おおのじょう》跡・基肄《きい》城跡・金田《かねだ》城跡を最初に、以降は西から東に向かっている。

各古代山城の設置場所を当時の国名に当てはめると、対馬国から始まり、筑前国・肥前国・筑後国・肥後国

・豊前国・長門国・周防国・備後国・備中国・備前国・伊予国・讃岐国・畿内へと、北部九州から瀬戸内海を通り近畿までまんべんなく設置されていることが目につく。つまり、朝鮮式山城と神籠石式山城は別々ではなく、全体で国家防衛の役割を果たすよう設置されたのだ、ということを改めて感じる。

なお、史跡の名称について、神籠石とか城跡とか、名称が異なっている。これは、昭和二五（一九五〇）年制定の「文化財保護法」による指定基準で、『日本書紀』に記載されていない古代山城については、「神籠石」の名称をつけるようになっているためである。昭和四七年指定の杷木《はき》神籠石までは、神籠石の名称がつけられている。

その後、平成七（一九九五）年になって指定基準が改正されて、神籠石の語が削除され、「城跡」扱いになった。これは、昭和三七年に発見された「おつぼ山神籠石」が、発掘調査の結果、山城跡と考えられるようになったことが、その理由の一つだと思われる。そのため、その後に指定された古代山城については、例えば、永納山《えいのうさん》城跡というような名称になっている。また、「鬼ノ城《きのじょう》」については、昭和四六年に発見され、昭和六一年に国指定史跡になっているので、名称は山の名前をとって、「鬼城山神籠石」とすべきだが、調査報告書は「鬼城山《きのじょうさん》」または「鬼ノ城」で通している。名称を統一した方がわかりやすいと思うが、今のところは、統一されていない。

大野城跡

［所在地］福岡県大野城市・太宰府市・宇美《うみ》町

［環　境］博多湾から福岡平野を通り筑紫平野に抜ける箇所は、地峡となっているが、当城跡は、その地峡の

大野城跡のある四王寺山山頂より博多湾方面を望む

東側の山上にある。当城跡のある山頂近くからは博多湾や福岡平野を一望でき、来襲する敵の動きを察知することができる。また、同時期に築かれた基肄城や水城も見通せる。

大野城内に四天王寺を建立したため、この山は四王寺山とも呼ばれる。

[標　高] 一九五―四一〇メートル（最高所は大城山《おおぎやま》四一〇メートルで、南西―北西方向は高く、北東の宇美方面に向かって開いている）

[全　長] 約六キロメートル（土塁が北と南とでそれぞれ二重になっている部分があり、それを加味すると総延長は約八キロメートル）

[遺跡の内容] 城門九カ所、水門一カ所、約七〇棟の建物跡

城門は南に五カ所と北に四カ所に分かれている。

建物の礎石は城内に八つの集合体として分布しているが、「八ツ波礎石群」「猫坂礎石群」「村上礎石群」「主城原《しゆじようばる》礎石群」が城内の低地に、「増長天礎石群」「尾花礎石群」「広目天礎石群」「御殿場礎石群」が南側―西側の土塁近くに集中している。

宇美口城門にある百間《ひやつけん》石垣は規模が大きいが、石は大小さまざまであり、概して小ぶりである。積み方も整然とはしていない。唐や新羅の来襲を恐れて、急いで築いたことが窺われる。

[土塁・石塁]

尾根には土塁、谷には石垣を築いている。土塁は版築工法により築か

れている。底部にすべり止めとしての列石はないと思われてきたが、平成一五（二〇〇三）年の豪雨で土塁の一部が崩壊し、その際の調査で、外郭線全域で土塁の下に列石のあることが確認された。ただ、列石といっても、小ぶりで、加工されていない自然石や割石が並べられている（三七頁の写真参照）。土塁は高く、急勾配である。土塁から大石垣に下りようとしたが、危険なので回り道をした。土塁の上は遊歩道となっており、散歩コースである。

［その他］

天智四（六六五）年秋八月に百済の亡命将軍達率憶礼福留《おくらいふくる》・達率四比福夫《しひふくぶ》を遣わして築かせた（『日本書紀』）。その後、文武二（六九八）年、本城を修理している（『続日本紀』）。

築造年代について、太宰府口城門Ⅰ期の柱穴から、最古クラスの「孚石部《うきいし》」の文字のあるコウヤマキ材の柱根が発見され、年輪年代法により、伐採年代は六四八年頃とされる。そこから『日本書紀』の記事より遡る時期に築造が開始されたとする考えもある。第Ⅰ部で述べたように、私は神籠石式山城について、斉明天皇の時代に築造に取り掛かったと考えているので、この大野城も同じ時期に、史書に現われる前から取

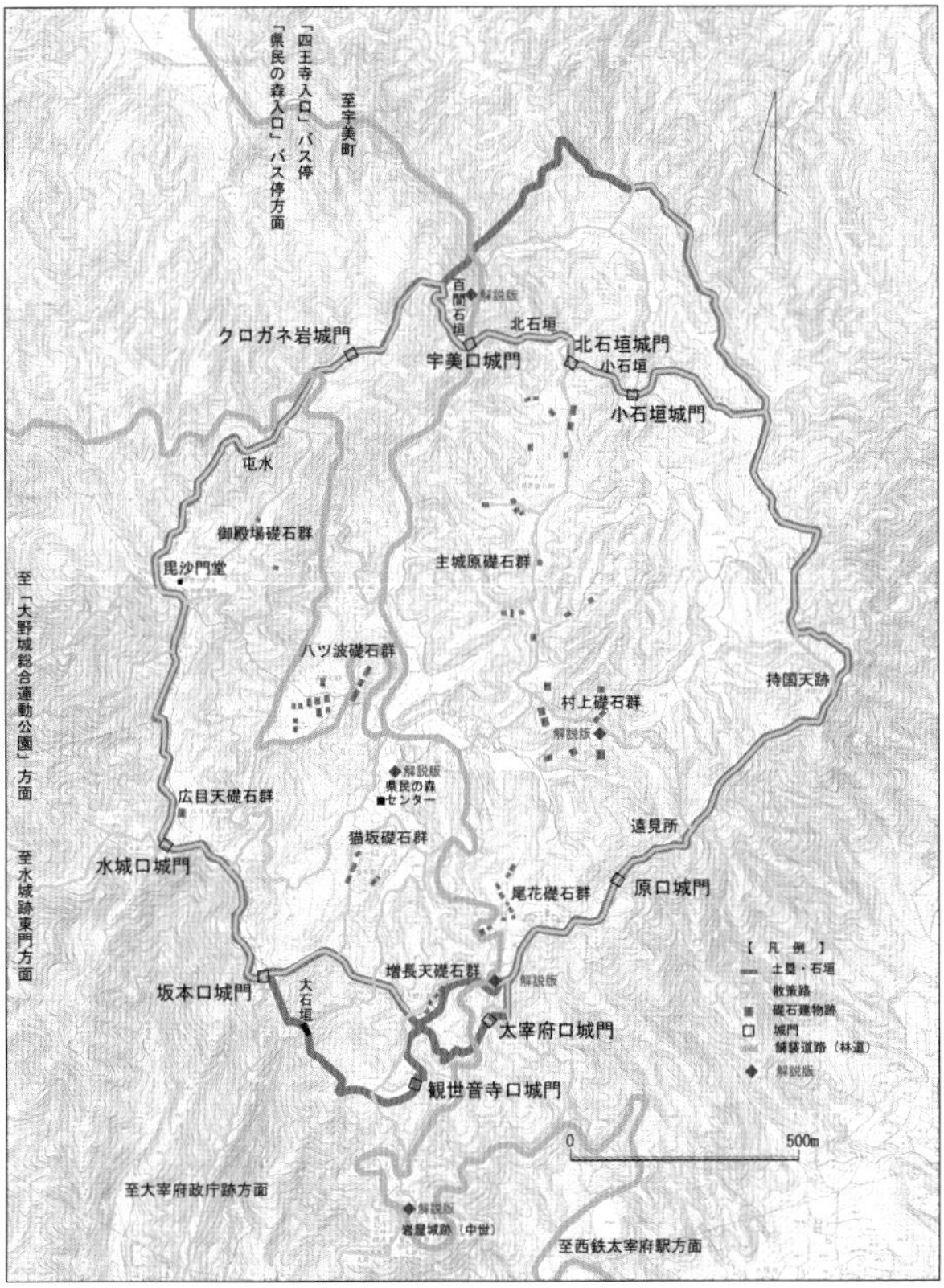

大野城の全体図（太宰府市教育委員会提供）

大野城の土塁。散歩コースになっているが、斜面は急傾斜である

大野城の増長天礎石群。8つある礎石群のうち、一番南の太宰府寄りにある

大野城の百間石垣。宇美方面からの登り口にある。石は小ぶりである

り掛かっていたのかもしれない。場所的に、重要な位置にあるので、取り掛かっていたと考えるべきではないだろうか。土塁が南北で二重になっているのも、あとで追加されたからではないか、と思われる。

＊「水城」について

水城は、『日本書紀』に天智三（六六四）年、防人《さきもり》と烽《すすみ》を置いた記事とともに、「筑紫に大きな堤を築いて水を貯えさせた」と記されている。

博多湾から福岡平野を通り、筑紫平野に抜けるところは平地が狭くなっている。その最も狭いところを、全長約一・二キロメートル、高さ約一三メートル、基底部の幅約八〇メートルの大規模な土塁で塞いでいる。さらに、その西側には、これを補う形で、小水城と呼ばれる土塁がいくつか確認されている。また、発掘調査の結果、福岡側に幅約六〇メートル、深さ約四メートルの巨大な濠の跡が発見された。つまり、

上：大野城のある四王寺山山頂より水城を望む（右側が博多湾方面、中央は九州自動車道）
左：JR鹿児島本線により断ち切られている水城

濠の水と土塁で筑紫側を防禦しようとしたのである。

すぐ東側の山には、大野城が存在するので、水城を突破されそうなときは、ここから攻撃することを意図したと考えられる。とにかく大きな土塁で、近くで見ると、山のように見える。

この地峡は、現在でも交通の要衝で、ＪＲ鹿児島本線・西日本鉄道・九州自動車道・国道三号線などの幹線が、水城を断ち切って通っている。

基《き》肄《い》城跡

［所在地］佐賀県基山《きやま》町・福岡県筑紫野市

［環　境］当城跡は佐賀県の東端に位置し、近くには、古くから官道や長崎街道などの主要道路が通り、交通の要衝であった。南西の基山《きざん》山頂からは大野城や太宰府を見ることができる。博多湾は見えなかった。大野城―大宰府政庁―基肄城は一直線に並んでいる。

［標　高］一七三―四〇〇メートル（最高所は基山四〇四メートルで、東と北に向かって谷を

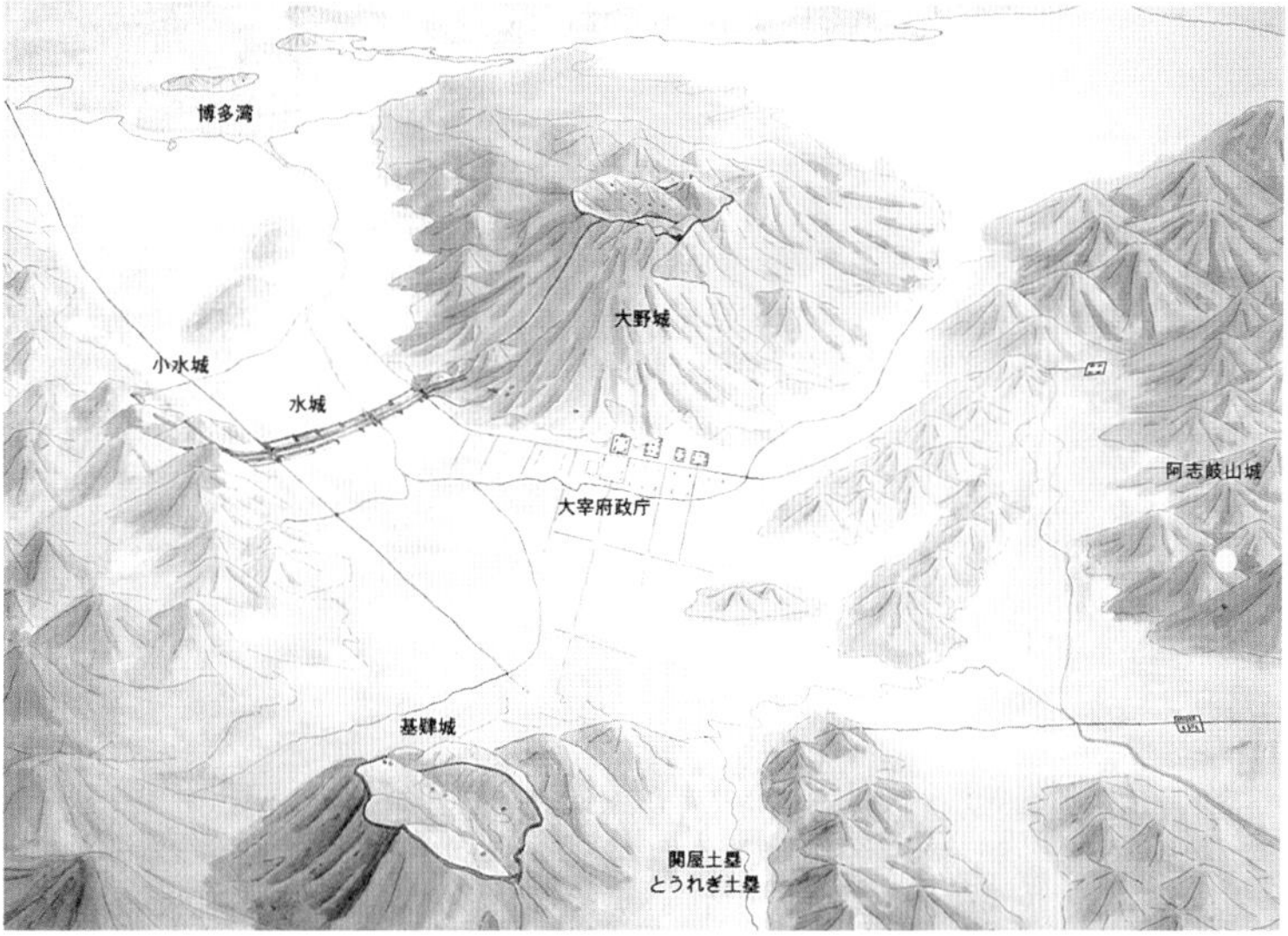

大野城・基肄城・水城・
大宰府・阿志岐城の位置
（九州歴史資料館提供）

取り込む形）

［全　長］三・九キロメートル

［遺跡の内容］城門四カ所、水門二カ所、約四〇棟の建物跡

城門四つのうち、北側の北帝門《きたみかどもん》跡は大宰府の正面出入り口になる。今は土塁を四メートルほど切り通しており、石積みが残っている。門は内側と奥にも築かれており、二重に置かれた可能性がある。東北門は土塁を二・七メートル切り割って造られ、門には門礎があり、門扉の軸穴と柱を据えるための刳《えぐ》り込みが見られる。近世には水門（南門）から筑紫野市側に向かう近道として利用されていた。

基肄城の南門の水門出口。写真には写っていないが横の石垣の左側にも大きな石垣が続いており、最近復元されたものである

南門の水門の規模は大きいが、石は大小さまざま、概して小ぶりで、並べ方も整っていない。こんなものがよく今まで崩壊せずに残っていたものだと、そういうところに感心する。左横の石垣の左側が復元されているが、以前は崩壊していた。いかにも急いで築いたという感じがする。

礎石・建物の数は多いが、大野城ほど多くなく、規模も小さい。そのなかの大礎石群と呼ばれるところは城内を一望できる場所にあり、何か特別な性格をもった建物があったと考えられている。

［土塁・石塁］

尾根部は土塁、谷部は石垣であることは大野城と同じ。

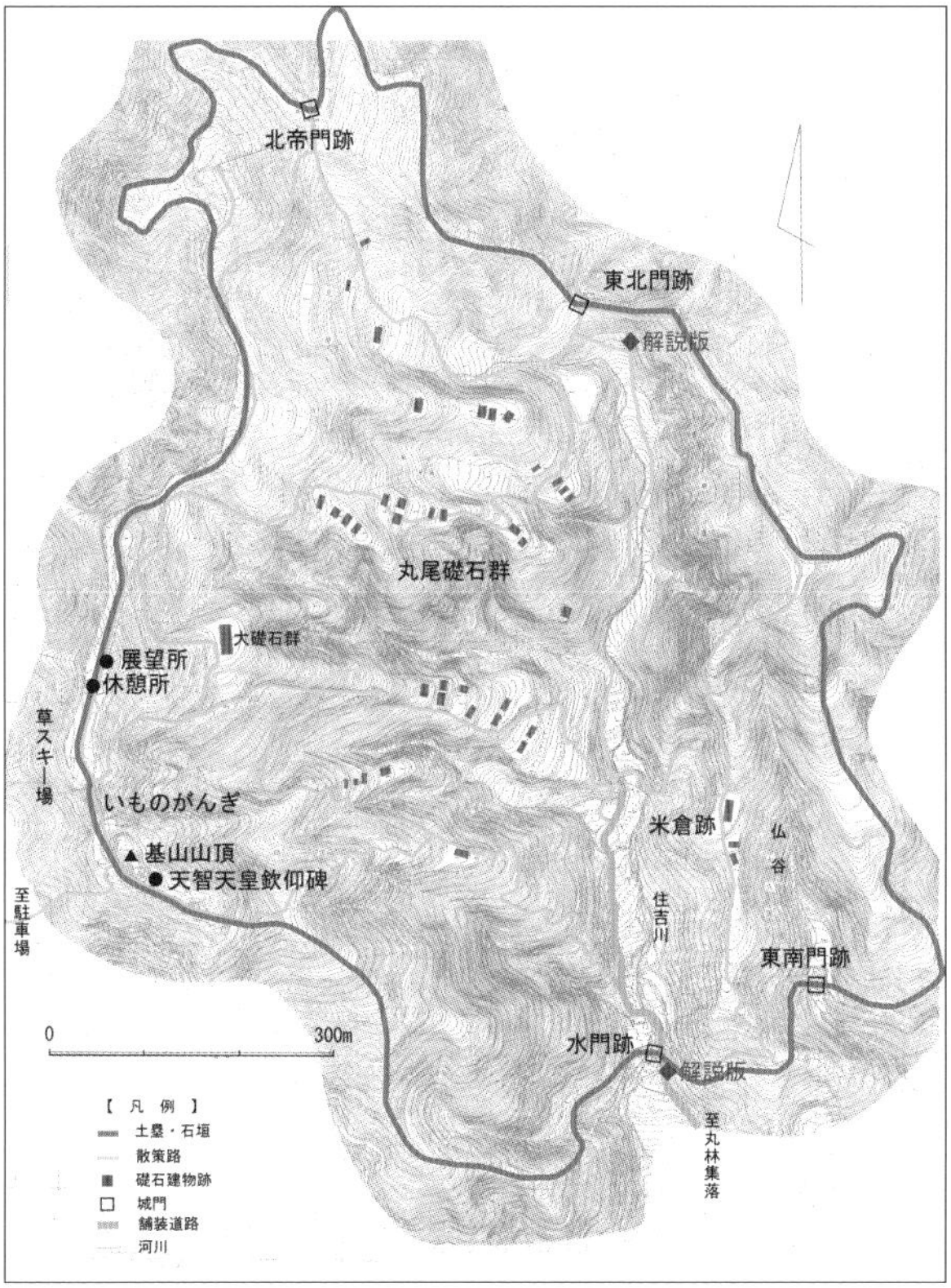

基肄城の全体図（太宰府市教育委員会提供）

基肄城の礎石。基山山頂に登る途中にある

土塁は版築工法で築かれているが、滑り止めとしての列石は見つかっていない。大野城跡では土塁の下に列石が発見されたので、当城跡でも発掘すれば見つかるだろう。

［その他］

大野城と同じく、天智四（六六五）年秋八月に、百済の同じ亡命将軍を遣わして築かせた（『日本書紀』）。その後、文武二（六九八）年、本城を修理している（『続日本紀』）。

山頂には中世にも城があり、中世まで防衛の拠点として使われていた。山頂近くにある「いものがんぎ」という、土塁を四つに切り割って造られた堀切は、中世にここが山城として使用されるときにできたものである。

基肄城の「いものがんぎ」。中世に城として使われたときに造られた

金田城跡

［所在地］長崎県対馬市

［環境］対馬のほぼ中央部に天然のリアス式海岸が発達した浅茅湾《あそう》がある。金田城跡はこの浅茅湾に突き出た半島の山腹にあり、南側は陸続きであるが、北と西側は急峻な地形、東側は比較的緩やかな地形で、三つの城戸など主要な施設が集中している。晴れて空気の澄んだ日には、韓国南岸の巨済島《コジェ》が見えるそうだが、あいにく霞んで見えなかった。

［標高］二七―二七六メートル（最高所は城山《じょうやま》二七六メートルで、谷を取り込む形）

金田城跡の城山山頂近くから、韓国方面を望む。晴れた日は韓国南岸がみえるそうだ

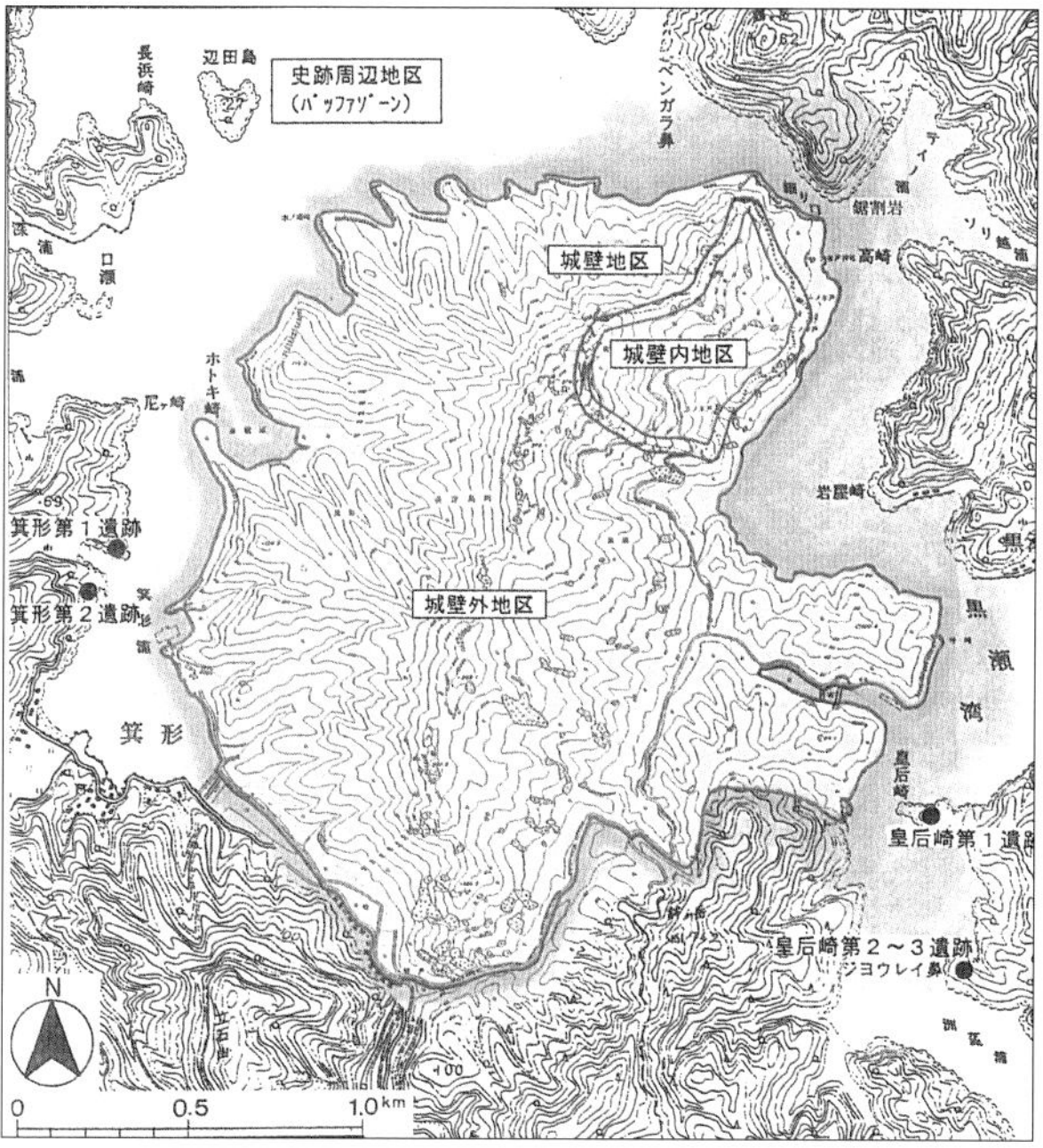

金田城の全体図
（「金田城跡環境整備基本計画」地区区分図。対馬市教育委員会提供）

城山の東に標高八三メートルのビングシ山があるが、小高い丘陵で、鞍部があり、城内唯一の平坦地である。眺望がよく、見張りや物見には最適である（ビングシの名の由来は、対岸から見た山の形が女性の髪飾りに似ているところからついた）。

［全　長］二・八キロメートル

［遺跡の内容］城門四カ所、水門三カ所、掘立柱、方形突出部（雉《ち》・角楼《かくろう》）

調査はビングシ山を主になされている。ビングシ山の北斜面や鞍部南

金田城跡の東南角石塁。石塁の左下は海である

東南角石塁に下りる途中の防人の建物跡。2カ所ある。冬は海からの寒風が吹き付けたであろう

西で掘立柱建物の柱穴が発見されている。南西部や南斜面では、炉跡も検出され、生活の痕跡が確認されている。防人が生活していた可能性がある。

谷間は「城戸《きど》」と呼ばれ、三つあり、二ノ城戸と三ノ城戸には城門跡が確認されている。城門は南にもあり、「南門」と呼ばれる。

七世紀第三四半期の須恵器が発見されている。

［土塁・石塁］

城壁のほとんどが石垣で、露岩を取り込みながら築造しているが、ビングシ山の東鞍部にあるビングシ門を中心に南北に土塁が発見されている。

この土塁の調査の結果、土塁が二重構造をなすことが判明した。

古い方を前期土塁、これを覆って新しく造った土塁を後期土塁というが、前期は谷部に向かって巨石を立て並べて、土塁の根固めとしている。後期は、谷部では巨石をそのまま使用しているものの、鞍部では土留めのため三段の石垣を築いている。

石垣は、三つの城戸の他、東南角石塁があり、ここは一部崩壊しているものの、大規模な石塁である。石は割ったものをそのまま使用しており、整えられていない。石塁に下りる途中には、現地の説明では、防人が暮らしたと言われる建物跡が二カ所ある。石塁の下は、すぐ海であり、冬は寒風が吹き抜けて、さぞかしつらかったろうと、防人の苦労が偲ばれる。

［その他］

天智六（六六七）年一一月に築いた（『日本書紀』）。前期土塁内で発見された炭化物の年代を測定した結果、西暦五四〇―六五〇年の数値が出た。また、南門から炭化材も確認され、放射性炭素年代測定の結果、西暦六五〇年を示した。『日本書紀』の記す年代より若干古い。対馬は朝鮮半島に最も近い位置にあり、防衛の最前線にあるため、『日本書紀』の記載以前から、防衛のための施設があったとも考えられる。

金田城跡は、対馬が南北に分かれている分かれ目付近の引っ込んだところにあり、敵の来襲を知るためには、島の北側にも情報を得るための施設があったのではないかと思っている。それが『日本書紀』にある「烽」かもしれないが。

雷山《らいざん》神籠石

［所在地］福岡県糸島市

［環　境］雷山神籠石の存在する尾根は、雷山から派生する尾根の中でも特に北方向に突き出ているので、糸島地方だけでなく、博多湾や玄界灘まで一望できる位置にある。現在は杉林が成長しており、木々の合間から垣間見える程度である。

雷山神籠石のすぐ北には、二丈町深江から日向峠《ひむか》を越えて、春日市―宇美町―飯塚市へと通じる「日向峠越えルート」という、弥生時代からの幹線道路がある。このルート上には、雷山神籠石・怡土《いと》城跡・大野城跡の山城の他、三雲・井原・丸尾台・須玖岡本といった遺跡が所在している。雷山神籠石がこの位置にあるのは、この重要な交通路をおさえるためだと言われている。

しかし、第Ⅰ部で述べたように、外敵の攻撃に対応するためには、内陸過ぎ、怡土城のある高祖《たかす》山の方が条件がよいと思われる。「日向峠越えルート」への対応は、怡土城でも可能だろうし、雷山の中腹にあるので、防衛の点でも十分ではないと思う。何故ここに山城を築いたのか、よくわからない。

［標　高］約四〇〇メートル（雷山九五五メートルの北側の中腹にある二つの尾根に挟まれた緩やかな勾配の谷間にある）。

［全　長］二・六キロメートル

［遺跡の内容］水門二カ所、城門や建物は未確認

南水門は二つの谷間の合流部にあるが、二つの谷間からの流れに対応すべく、二種類の水門が設置されていたようである。東側のものは石塁の一部に水樋《すいひ》を設置し、そこに水を通すやり方、西側のものは、土塁の基底部にある列石の下に暗渠《あんきょ》を設けるやり方である。南水門は崩れていて門の形をなしていないが、二つの水門の間に石塁が残っている。

北水門は切石を長さ約一二メートル、幅約一〇メートル、高さ約三メートルに積み上げており、今も水を

排出している。排水口は下部に二つ、中央部に一つ、計三つある。水量が多いときは、中央部からも排水する。水門の石塁は基本的に布積みである。

入水口である南水門から排水口である北水門まで、水平距離で約七三〇メートル、高低差は北水門の方が約二一メートルほど低い位置にある。緩やかな勾配である。

北水門の石塁の上に礎石が二個確認できる。城門の礎石の一部と考えられている。

雷山神籠石の北水門。水の排水口が３つある。下の２つから処理仕切れない水を右の排水口から流したようだ

南水門も西側へ約二〇メートル行くと列石の切れ目があるので、ここが城門の跡と見られている。また、東側に行っても同様の部分があり、南水門には二カ所城門があったのかもしれない。

南北水門の間には、現在、農業用の池（「不動池」と言う）がある。池の底に遺跡が埋もれている可能性があるが、確認できない（不動池は昭和九［一九三四］年に発生した大旱魃への備えのため、昭和一一年に造られた）。

［列石・土塁］

北水門から谷の両側を尾根に向けて列石が急登する。東側へ約三七メートル、西側へ約六八メートルが確認されている。列石は直線的であり、屈折しながら進む「折れ構造」である。

南水門からも谷の両側を尾根に向けて列石が急登する。東側へ約一三二メートル、西側へ約一七一メートルの列石が確認されている。北水門と同じく「折れ構造」である。

阿志岐城跡。宮地岳上空から福岡方面を望む（筑紫野市教育委員会提供）

実際に登ってみると、南北の水門付近に谷を登る列石が確認できるくらいで、尾根上には列石は確認できなかった。急斜面の列石の上には今は土塁が残っていない。流れ落ちてしまったのか、最初から土塁がなかったのかは、わからない。

［その他］

雷山神籠石の研究は、貝原益軒《かいばらえきけん》の『筑前国続風土記』（一七〇九年）に始まるが、その影響を受けた、伊藤常足《いとうつねたり》『太宰管内誌』（一八三八年）まで、雷山神籠石は怡土《いと》城と考えられていた。しかしその後、幕末になって、青柳種信《あおやぎたねのぶ》が怡土城を高祖山《たかすやま》とし、以後はこの考えが受け入れられている。

阿志岐《あしき》城跡

［所在地］福岡県筑紫野市

［環　境］筑紫野市南部に位置し、大宰府政庁が置かれていた太宰府市に隣接する。この付近は、博多湾側の福岡平野と有明海側の筑紫平野を結ぶ二日市地峡帯と呼ばれ、両平野を分ける一種の分水嶺になっており、古代から軍事拠点として重要であった。

阿志岐城跡のある宮地岳全景。太宰府方面より望む

[標　高]　一三七―二五〇メートル（最高所は宮地岳三三八・九メートルで、山頂から西斜面に築造されている）

宮地岳は、ほぼ円錐形の山で、二日市地峡帯に突き出た位置にある。現在は樹木におおわれて視界がよくないが、樹木がなければ、山頂からは博多湾から有明海まで見渡せ、北方は大野城・大宰府政庁・水城、西方は基肄城、南方は高良山神籠石を望見できるだろう。

宮地岳の名称については、慶応元（一八六五）年、山頂付近に勧請された宮地獄神社に由来し、「獄」の字が「岳」に変わったと言われる。それ以前は、「あまやま」と呼ばれていた。

[全　長]　約三・七キロメートル（確認されているのは一・三四キロメートル）

[遺跡の内容]　水門三カ所、城門や建物は未確認

水門三カ所はいずれも取水口や排水溝は確認されていないが、谷間にあり、何らかの排水機能はあるだろうとの推測から、水門と判断された。

第一水門は、阿志岐城の中心をなす谷である杉の谷川にある。石塁の大半は流失しており、現在は杉の谷川左岸側に約

阿志岐城第三水門の一部。精緻な石積みで隙間がほとんど見られない（筑紫野市教育委員会提供）

五メートルほど残っているだけである。自然石を大小取り混ぜて積み上げており、切石などの加工は認められない。石塁上部に土塁もない。乱雑であり、第三水門の精緻な積み重ねとは全く異なる仕様なので、築造の時代が異なるかもしれない。報告書には、近世の石積みを想起させる、と書かれている。

第二水門は、東側中央に位置する谷間にあり、中央部が大きく流失している。石塁は未加工の一メートルを超える大きな自然石を使用している。石塁の下流部には、石塁に使用していたと思われる石材が多数散乱している。

第三水門は、東側の土塁線に続いて築造されていて、当城跡最大規模のものである。石の積み方は上下左右とも精緻な調整を施し、隙間がほとんど見られない。石材を組み合わせる際には、長方形の角をL字形に切り欠く「切り欠き加工」が見られる。石質は花崗岩だというが、ほとんど風化が見られないのは埋もれていたからか。発掘調査されたが、水口は発見されなかった。現在は、最下部の石積みと岩盤の間から水が出ており、当初から水がしみ出る方式だったのではないか、と考えられている。

第三水門の石の積み方は、特徴がある。谷底の最深部に大きな石を基準として設置し、これと高さを揃えるように左右に石を並べていく。その上に幅の狭い長方形の石を置いて、谷全体を水平に保つ。最後に厚みのある長方形の石を置いている。石垣を造るのに、強度の問題と美観に配慮した工夫が見られて、興味深い。

出土遺物は須恵器・土師器・青磁である。

［列石・土塁］

尾根の東側斜面は急峻で、尾根そのものが巨大な壁となっている。第三水門から東側では、トレンチ調査でも土塁は発見されず、急峻な地形のため、元々土塁はなかったのかもしれない。

土塁は二二カ所で発見されていて、列石とその基底石・版築土塁から成る。基底石は方形に整形された切石で、列石の前面から一八センチメートル程度前に張り出している。列石の下に基底石を設置しているのは、古代山城では他に例がない。わずかに斉明天皇の時代に造られた酒船石《さかふねいし》遺跡の石垣の下に類似のものが見られる。両者がどのような関係にあるのかわからない。列石はこの基底石の上に、一、二段積み上げられている。また、列石は大半が覆土している（五〇頁の「版築の断面図」を参照）。

土塁の版築には、赤褐色粘質土と真砂土を使用し、粘質土を土塁前面に厚く、後ろに薄く引きならし、版築の際の真砂土の流失を防いでいる。

宮地岳山中の石塁

［その他］

当城跡は平成一一（一九九九）年に発見された。発見のきっかけは、大宰府の防衛にあたり、「羅城《らじょう》」が形成されているのではないかという想定をもとに、大野城・基肄城・水城との位置関係から、宮地岳が探索されたものである。だとすると、何故宮地岳だけ『日本書紀』に記載されなかったのか、疑問が残る。大野城や基肄城に比べて規模が半分程度と小さいので省略されたのか、建物の礎石が未確認であることなどから『日本書紀』の記述とは別の機会に造られたのか、わからない。

帯隈山神籠石。列石の上のみかん畑より佐賀平野を望む

私は、当城跡は大宰府政庁が移転してきた後で造られたのではないか、つまり朝鮮式山城より新しいのではないかと考えているが、斉明天皇が絡んでいるとすると、そうではないかもしれない。

当城跡の「阿志岐」については、「蘆城《あしき》」が語源のようだ。付近を流れる宝満川の川辺には蘆が生い茂っており、そこからつけられたのであろうか。

帯隈山《おぶくまやま》神籠石

[所在地] 佐賀県佐賀市
[環　境] 佐賀市の北、脊振《せふり》山地の南にあり、佐賀平野や遠く有明海を一望できる位置にある。
[標　高] 三五－一七八メートル（最高所は帯隈山一七八メートルで谷を取り込む形）
[全　長] 二・四キロメートル
[遺跡の内容] 水門三カ所、城門一カ所、建物は未確認
水門の推定地はあるが、痕跡は見つからない。
[列石・土塁]
列石は三カ所に見られるが、部分的である。北側の山頂近くにある列石

を除き中腹の二カ所の石は小さい。神籠池沿いの列石の奥に列石らしい四角に整形された石が三つ転がっているが、これも小さい。

南側の列石が確認できる場所のすぐ上にみかん畑がある。そこから南を見ると、佐賀平野を一望できる。天気がよければ有明海が見えるだろう。

西南側の谷の下部は水田になっており、ここにも遺跡が予想されるが、イノシシ除けの柵があり近づけない。

［その他］

昭和四二（一九六七）年に発掘調査されて以降、調査されていないようだ。かなり広い面積が推定されているにもかかわらず、三カ所以外列石の表示はない。列石は多分土塁に埋もれているのだろう。更なる発掘調査が望まれる。

帯隈山神籠石は基肄城の後詰めとして築かれたと同時に、有明海から来襲する敵に備えたものとも考えられるが、低い位置にあるので、私は兵站《へいたん》基地ではないかと思っている。

おつぼ山神籠石

［所在地］佐賀県武雄市

［環　境］武雄市の杵島《きじま》山の西側に派生した、半独立の丘である「おつぼ山」にある。旧長崎街道が近くを通り、交通の至便なところに位置する。

［標　高］一一二－五〇メートル（最高所は六二メートルで、谷を取り込む形）

おつぼ山第二水門。谷が浅いのでこれくらいの大きさで処理できるのであろうが、造る意味がないのではと感じられる

［全　長］一・八七キロメートル（一周するのに五〇分弱である）

［遺跡の内容］水門四カ所（うち二カ所は推定）、城門二カ所、建物は未確認

第一水門は取水口と排水口が堤防の下部に残っている（四〇頁の写真参照）。また、それを支える石垣の堤防も残っているが、高さ一メートル程度なので、大雨のときは、堤防の上を水が越えるであろう。堤防の意味があまり感じられない。あるいは、堤防の上にさらに柵か何かがあったのかもしれないが、その痕跡は見当たらない。なお、この堤防はアーチ形をしている。

浦田池の土手に水門推定池の表示がある。池の上流はかなり長い谷で、水門があったのは間違いないと思われる。浦田池から少し西に寄ったところに浅い谷があるが、水門の痕跡はない。ただそこから流れ出た水で下の土地は水たまりがたくさんあり、水はけが悪い。

第二水門の規模も小さい。

東門の跡は土を削っているが、礎石は見当たらない。

［列石・土塁］

おつぼ山の列石の上には、土塁が積まれている。この土塁は築城時はもっと角度が急だったのであろうが、今は流れ落ちて、下の地山の角度と変わらなくなっている。

東門近くの列石は、手前上面が三センチメートルくらいL字形に切り込まれている。他の神籠石よりはっ

高良大社より太宰府・博多方面を望む

きり確認できる（五三頁の写真参照）。

［その他］

おつぼ山は山というより丘であり、こういうところに山城を造っても防衛の効果はあまりないだろう。第一水門は下の国道から五分、第二水門は二分程度の位置にある。ただ、おつぼ山は低いながらも急峻であり、その点が山城を築く理由になったのかもしれない。

東に向かうと佐賀から基山方面に通じるが、距離が長い。一旦南に出て東に向かうと有明海に出るので、こちらの方がルートとしてはよいかもしれない。

おつぼ山神籠石は帯隈山《おぶくまやま》や女山《ぞやま》とともに、有明海方面から敵が攻めてきたときのために築かれたのかもしれない。しかし、私は、史書に記載はないが、この城跡はもともと屯倉《みやけ》であり、それを兵站基地として整備し直したものと考えている。

高良山《こうらさん》神籠石

［所在地］福岡県久留米市

［環　境］福岡県南部の耳納《みのう》山地の西端にあり、筑後平野のみならず、北は太宰府方面まで、西は有明海まで見通せる。

この地は北に筑前国、北東に豊前国、東に豊後国、南に肥後国、西に肥前国と接しており、各国を結ぶ交通路が交差している。交通路は陸上のみでなく、筑後川や有明海を通じた水上の交通路も発達していた。

周辺には祇園山古墳を始めとするいくつかの古墳が所在し、古代から豪族が支配するところとなっていた。高良山の西麓一帯は、筑紫国造《つくしのくにのみやつこ》磐井《いわい》の乱の舞台となった地域である（『日本書紀』）。

[標　高] 六五－二五三メートル（最高所は高良山三一二メートルで、その西側斜面にある五つの峰を繋ぐように構築されている）

[全　長] 二・七キロメートル（確認できる列石線は南側約一・五キロメートルで、北側は未確認である）

高良山神籠石の南水門。壊れている

高良山神籠石の列石。90度折れ曲がっている。
石の上に土塁があったのかどうかわからない

［遺跡の内容］　水門二カ所、城門や建物は未確認

高良大社参道途中の馬蹄石《ばていいし》を少し南に下ったところに南水門があるが、崩壊し、両側に石垣が残っている。石垣は八段くらいあり、重箱積みに近い。水門や城門は残っていない。

北水門が存在したと推定される位置は道路が通っており、両側まで列石が下りてきているが、水門は見当たらない。

［列石・土塁］

城壁は列石と土塁の曲線で構成されるが、列石線が直角に折れるところが二カ所ある。一つは北水門の南側斜面を登り切ったところ、もう一つは南水門の南側斜面を登ったところにある。この付近の列石は大変大きいものを用いており、またその上に土塁もない。そのため、ここに角楼があったのではないかとの指摘もある。

高良大社に向かう車道の左側に列石が続いている（三九頁の写真参照）。列石は背面や底部のように据え付け後に隠れてしまう部分は概して加工が粗く、前面など視覚的に目立つ部分は細やかな表面加工を施している。

列石の上に土塁があるところとないところがあり、後者では当初から列石だけ置かれていて、土塁がなかったのではと思われるところもある。列石が土塁を支える目的だけではないことも考えられる。

北側の列石線は未確認ではあるが、ここには列石線があったものの、地震で破壊されたという説がある。『日本書紀』天武七（六七八）年に筑紫大地震が発生し、幅約六メートル、長さ約一〇キロメートルにわたり、地割れを引き起こしたという記事があり、発掘の結果、地割れが発見されている。高良大社社務所北側の道路から下は急斜面となっており、列石線はここで途切れている。この急斜面は北側のあちこちにあり、

高良山神籠石の馬蹄石。高良大社参道脇にあり、神籠石の名称の元になったものである

地滑りで列石線が崩壊した可能性がある（五二頁の写真参照）。

［その他］

「神籠石」の名称の由来となった城跡である。神籠石の名称は高良大社の由来を記した『高良玉垂宮縁起《こうらたまたれぐうえんぎ》』に初めて出てくるものであり、鎌倉時代以前から使われていたらしい。その後『高良記《こうらき》』に、神籠石とは「八葉の石畳」を造っている間、神の居た所と記されており、これは馬蹄石のこととされている。現在、高良大社参道の脇に馬蹄石があり、神籠石と呼ばれているが、これが列石全体の呼称となったと言われる（詳しくは第Ⅰ部参照）。

水害による崩壊に伴い、高良大社社殿の背後にある本宮山の列石を修理する際に出土した遺物には、一二世紀頃の土器が混じっており、この付近にあった杉ノ城築造の際、列石を再利用したのではないか、と考えられている。

斉明天皇は百済救援のため下向した際、この遺跡の東にある朝倉に宮を置いたと『日本書紀』に記されている。この高良山神籠石は、その朝倉宮を防衛するため、一連の古代山城の中では最初に築造されたものの一つだ、というのが私の考えである。

女山《ぞやま》神籠石

［所在地］福岡県みやま市

［環　境］みやま市東部に連なっている山々の一部にあり、西は有明海の干拓によって開かれた広大な低地が広がり、平坦な田園地帯である。山頂からの眺望はよく、筑後平野から有明海まで見渡せる。

交通の要衝として、矢部川を利用した水運で栄え、古代には西海道、近世には薩摩街道が南北に走っていた。

みやま市には古代より数多くの遺跡が所在しており、当列石で囲まれている中にも、六世紀後半築造と見られる山内古墳群があり、列石が造られた時代を考えるに際して、ヒントを与える。

女山神籠石の列石。向かって左側の先は急斜面で、列石は途切れている

女山神籠石の中にある山内古墳。古墳を列石が取り囲んでいる

女山神籠石の長谷水門。4つある水門のなかで小さいが、形がきれいに残っている

［標　高］一五一ー一九〇メートル（最高所は古塚《こづか》山一九〇メートルで、西斜面に向かって開かれ、谷を包み込む形）

［全　長］一・五キロメートル（北側に延びる尾根等を含めると、推定二・七ー三・〇キロメートル）

［遺跡の内容］水門四カ所、城門及び建物は未確認

四カ所の水門はいずれも規模は小さい。過去の土取り工事により、破壊や地滑りを受けている。最もよく形状が残っているのは長谷《ながたに》水門で、高さ二・五メートル、幅七・五メートルである。

［列石・土塁］

列石の配列は全体的に曲線を基調としている。石材は入念な加工を施し、面を直線的に揃え、表面調整と切り欠きの加工も見られる。

鞠智《きくち》城跡

［所在地］熊本県山鹿市・菊池市

［環　境］当城跡は、菊池川の河口から直線距離で北東方向に約二七キロメートル離れた菊池川中流域にある。北は福岡県との県境の山々を望み、南は菊池川により形成された肥沃な土壌をもつ平野が広がっている。菊池川は交通や物資の運搬に利用されていた。

内陸にあるが、晴れた日には有明海の向こうの雲仙普賢岳まで見えるそうだ。
周辺には、古代の官衙やその関連遺跡が多数存在する。

［標　高］九〇－一七一メートル（最高所は一七一メートルで、谷を取り込む形）

［全　長］外郭線の全長は約三・七キロメートル

中心域である内城地区と自然地形を取り込んだ外縁地区に分けられるが、他の古代山城に比して広大過ぎるので、内城地区のみを城跡とみなすのが有力である。

内城地区の中心部は、比較的広い平坦地になっているが、北側・南側・西側はいずれも急峻な断崖である。こういう特徴から、山城が造られたのであろうと言われている。

［遺跡の内容］水門一カ所、城門三カ所、掘立柱・八角形建物跡始め七二カ所の建物跡・貯水池

鞠智城のシンボル・八角形建物

八角形建物が復元されているが、これは他の古代山城では例がなく、中国や朝鮮半島の文化の影響を強く受けており、特に八方位を宇宙の象徴とする道教の宇宙観の影響と考えられている。

貯水池跡からの出土物は、須恵器・土師器・瓦が主流であるが、中には縄文土器や弥生土器も交じっており、この場所が有史以前から人々の生活の場となっていたことがわかる。

貯水池跡からは、銅造りの菩薩立像が発見されている。七世紀に百済で造られ、日本に持ち込まれた

可能性が高い。普段は金箔を施したレプリカが展示されているが、私が行ったときは、赤みがかった銅の本物の立像が展示されていた。

［土　塁］（一部）

城壁は自然地形を利用したところが多く、土塁の構築は一部で、南側と西側の二カ所に発見されている。西側丘陵の土塁調査では、列石が見つかっている。土塁は版築工法で造られている。土塁の城外側は垂直に近い。

［その他］

『日本書紀』には築造時期についての記載はないが、『続日本紀』には文武二（六九八）年、大野城や基肄城とともに修理したとの記載がある。三カ所の城を同時に修理したということから、鞠智城の築造も同時期と考えられている。その後は、兵器や食料の貯蔵庫としての後方支援の役割を担っていたようである。文献上は、平安時代の元慶三（八七九）年まで存在したことがわかっている。

菊池川の他、南側には東西に官道が走っており、舟運・陸運ともいいが、少し他の城から離れすぎとの印象を受ける。

杷木《はき》神籠石

［所在地］福岡県朝倉市

［環　境］当城跡は北側から延びる尾根と南側を流れる筑後川の間に位置し、筑後地方と日田・大分を結ぶ交通の要衝である。戦国時代には、秋月氏の支城である鵜木《うのき》城・長尾城が城の領域内に築かれていた。

［標　高］五五ー一四五メートル（最高所は一四五メートルで、谷を取り込む形）
［全　長］二・二五キロメートル
［遺跡の内容］水門二カ所、城門や建物は未確認

二つの水門跡が確認できるが、いずれも小規模である。第一水門は、水門部分だけ石が残り、両側の石垣は後世のものらしい。第二水門は崩壊しかかっている。

［列石・土塁］

土塁は版築工法で築き、前面基底部には列石を並べている。

筑後川のほとりの鵜木城の跡に列石が復元されている。山中にも列石が残っているようであるが、道がないので、確認できない。第二水門から列石が続いているのではないかと注意して登ってみたが、古い墓があり、その先は道がなくなってしまった。

崩壊している杷木神籠石の第一水門。右側の石垣は後世のもの

［その他］

この遺跡は、ドライブイン建設のための土取り工事中に発見され、文化財の確認のために調査されたが、その後は調査されていないようであり、その調査も一部に留まっている。

『日本書紀』によれば、景行天皇が九州遠征から大和に引き揚げる際、「うきは」から「日田」を経たとあり、この地を通過している。また、斉明天皇が百済復興軍を朝鮮半島に派遣するため、この近くの「朝倉《あさくらの》橘《たちばなの》広庭宮《ひろにわのみや》」に移って指揮をとっている。地形的にみて、この地は筑後平野の奥座敷とも言える位置にあり、博多湾と有明海どちらからの敵の来襲にも対応でき、危急の場合

は日田方面に逃れられる、まことに都合のよい位置にある。私見では、朝倉宮を防衛するために造られた山城で、高良山神籠石と並んで、古代山城の中で最初期のものである。また、私が考える邪馬台国の候補地の一つでもある。

鹿毛馬《かけのうま》神籠石

［所在地］福岡県飯塚《いいづか》市

［環　境］当城跡は、大宰府から来た官道が、飯塚付近で豊前方面と北の洞海湾方面に分かれる地点に築かれており、交通の要衝である。

当城跡の山裾を流れる鹿毛馬川沿いには、清水一・二号墳、きょう塚古墳などの古墳が多い。

［標　高］一五一－七六メートル（最高所は八〇メートルで、谷を取り込む形）

最高所が八〇メートルと低丘陵に築かれており、防衛より攻撃のための拠点と考えられているようだ。

［全　長］二・〇キロメートル

［遺跡の内容］水門二カ所、城門や建物は未確認

水門は二つとも暗渠《あんきょ》で、どちらも約一八メートルの長さである。

平坦地が何カ所かあり、遺構が推定されたが、発掘の結果、遺構は確認できなかったようである。

第一暗渠取水口の水溜遺構から、七世紀頃の須恵器甕破片が出土した。

［列石・土塁］

低湿地にある水門部の土塁中に、三本の柱の実物と五本の柱の痕跡を確認している。ここでは、列石・背

後列石を約九メートル間隔で並べ、直径約三〇センチメートルの柱を約三メートルごとに列石・背後列石の前に立て、その間に版築による幅約九メートルの土塁を築いている。

水門部から奥の東側はかなりの範囲で版築をしておらず、整地はしているが列石もない状態である。

柱の実物を放射性炭素年代測定により測定すると、紀元五六〇年など予想と異なる年代が出た。

列石が途切れることなく約二キロメートル続いている。昭和一〇年代に地元の青年団が掘り起こしたそうだ。

鹿毛馬神籠石の列石。途切れることなく続く。
列石の上に土塁があったかどうかわからない

[その他]

鹿毛馬の名については、福岡藩の儒学者貝原益軒《かいばらえきけん》の『筑前国続風土記』に、昔はこの地は牧場で、鹿毛の良馬を出したので、村名にこの名がついたと記されている。地元では、「かけんま」「かけのま」と呼んでいるが、史跡名は「かけのうま」である。

第I部で触れたように、この城跡は元々は屯倉だったのではないかと思う。そのため、兵站《へいたん》基地として整備されたのだろうというのが私の考えである。

御所ヶ谷《ごしょがたに》神籠石

[所在地] 福岡県行橋市・みやこ町

[環　境] 当城跡は、周防灘《すおうなだ》を望む標高約二四七メートルの御所ヶ岳の北

御所ヶ谷神籠石中腹より北の平尾台方面を望む。
中央の平野を左右に官道が通る。右が周防灘方面

麓にあり、東に行くと周防灘に出て、また北に行くと小倉の到津に抜ける官道の分岐点がすぐ近くにあり、交通の要衝であった。さらに、難波から瀬戸内海を西に進むと、周防灘を通って行橋付近に着岸するが、当時の周防灘は今より西側に入り込んでおり、御所ヶ谷神籠石からはこれをよく観察することができた。

当城跡の北側に広がる京都《みやこ》平野では、旧石器時代の遺物が出土し、三世紀末頃には、九州最大規模の前方後円墳「石塚山古墳」が築造された。京都平野にいちはやく本格的な前方後円墳が築造されたことは、この地域が畿内と北部九州との交流ルートの要衝に位置することを示している。

その後も五世紀中頃の御所山古墳を始め、次々に古墳が築造されている。この地域の古墳は甲冑《かっちゅう》の出土が多いのが特徴で、軍事的な性格の強い地域であったことが窺える。

[標　高] 六八―二四七メートル（最高所は二四七メートルの御所ヶ岳で、北側に向いて開く二つの谷を城内に取り込んでいる）

[全　長] 約三・〇キロメートル

[遺跡の内容] 水門二カ所、城門七カ所、礎石一カ所

水門は中門と西門にある。中門の水門は特異な形で、一つは完全に残っている。通常、水は脇の谷川を流れているが、大雨のときなどには水門から排出することがある。後述のように、脇の谷川の上にも水門があったが、

御所ヶ岳山頂より馬ヶ岳を望む。奥は周防灘

江戸末期の洪水により崩壊したらしい。西門の水門は崩壊しており、当初の姿はわからない。

城門は、石垣は残っているが、崩壊している。中門については「列石・土塁・石塁」参照。

礎石は、景行神社裏に二〇個ほど長方形に並んでおり、倉庫のような建物があったと推定される。また中門を過ぎて登ると平地があり、ここにも建物があったと思われ、礎石と思しき石が散らばっている。今は公園になっており、人為的に動かされたか、洪水で動いたのかはわからない。

第二東門の前面崩落部分の下から、七世紀第三四半期頃と推定される須恵器・土師器が出土した。

南門と第二南門は、尾根の南側にあるが、急勾配のところにあり、小規模である。

西門の上流に「馬立場《うまたてば》」と呼ばれる湿地帯がある。当時は水を溜めていたか。

[列石・土塁・石塁]

当初の計画では、北側は標高九〇メートルの列石のある部分までの築造であったが、その後、さらに北側標高六八メートルまで拡張されたようである。もともと地山が九〇度近い傾斜であることもあるが、拡張部分の土塁には列石はなく、またその部分の谷に造られた西門も重箱積みで築造されている。

このことから、途中で計画が変更され、かなり急いで築かれたことを思わせる。

城壁は版築土塁に列石を配したものが基本であるが、第二東門南東の急斜面から御所ヶ岳山頂を経て、尾根伝いに第二南門周辺までは、版築や土塁が確認されていない。地形が急峻で自然の要害と見做されたのであろう。

列石の前面も版築で覆われており、露出しているのは一部だけである。

土塁は約幅約七メートル、高さは城外側で約五メートル。

中門について。城門の西側の石塁は長さ一八メートル、高さ約七メートル。二段に築かれ、下段には通水用の石樋を突出させており、この構造は古代山城の中でも特異なものである。二段に分けないと、構造的に

御所ヶ谷神籠石の中門（秋）。季節により違った表情を見せる

御所ヶ谷神籠石の東門。半分以上は土に埋まっているようだ。東門の上は見張り台になっていたと思われる

御所ヶ谷神籠石の西門。中央の水流付近は崩壊している。両端の残っている部分から推測して全体が重箱積みで構造上弱かったのであろう

弱くなると考えられたのであろう。

中門の石積みは布積みが基本であるが、上部は重箱積みになっており、築造過程で何らかの事情により変更されたと考えられる。中門はアーチ状に築造されており、私の見た限り、他の古代山城では、この形はおつぼ山神籠石の西水門と唐原《とうばる》山城跡のみである。他の遺跡より進んだ形態と言えるかもしれない。

以上のことから、当初築造後、または築造途中で急いで造らねばならない事情が発生したと思われる。またこれにより、実戦的な機能をもった城に発展した様子がわかる。

中門から東門に向かう途中の浅い谷に石塁があり、最近小さな水門が確認されている。この他、中門の奥の方にも小さな石塁がある。

東門の北側は台状になっており、見張り台があったようだ。第二東門の手前にも、同様のものがある。樹木が茂っているので眺望は悪いが、周防灘が見渡せる位置にある。

御所ヶ谷神籠石の立岩。表面が平たく削られ、シャーマニズムを連想させる

[その他]

城内に「立岩《たていわ》」という五メートルを超える高さで、表面が平らに削られている岩がある。これは太陽信仰のようなシャーマニズムを連想させ、この場所が何らかの信仰の表出場所であったことを思わせる。岩の右上方には凹凸があり、光のあたり具合により、文字のようなものが浮かんで見えることがある。

この遺跡は昔から知られていた。文献上最も古いのは、福岡藩の儒学者貝原益軒《かいばらえきけん》が書いた『豊国紀行』である。元禄七（一六九四）年、藩祖黒田官兵衛の事績を調べるよう藩の命を受けた貝原益軒は、豊前と豊後の国を巡行したが、その途中で御所ヶ谷に立ち寄っている。彼は中門を登った先の景行神社裏手にある礎石を見て、景行天皇が九州遠征のときに滞在した京《みやこ》（長峡県《ながおのあがた》）はここにあったと記している（この考えは現在は否定され、長峡県は行橋市椿市《つばきいち》付近に比定されている）。

次いで、明治四三（一九一〇）年元旦、『京都郡誌《みやこぐんし》』を著した伊東尾四郎《いとうおしろう》と古代史学者喜田貞吉《きださだきち》他三名が中門や西門などを踏査し、その後、学会で報告している。興味深いのは、同じときに同じ遺跡を見ながら、

御所ヶ谷神籠石の礎石。貝原益軒が景行天皇の京と記したところである

御所ヶ谷中門と東側石塁の間の水流箇所。往事はここに城門と水門があったのだろう

唐原山城跡の第一水門。築造途中で放棄されたようだ

喜田は霊域説を、伊東は山城説をとっていることである。

『京都郡誌』が引用する『旧稗田《ひえだ》村村誌』によると、嘉永三（一八五〇）年、大洪水により中門の東の石塁とそこにあった水門が崩壊したとの記載がある。ここから現在の水流箇所に水門と東石塁があったことがわかる。この水門で処理しきれない水を、現在残っている西側の水門から流したのではないかと思われるが、発掘調査をしていないので確認できない。

現在の水流箇所の上に城門があったと推定される。水流箇所には、城門の基礎として使用されたと思われるような石が見られる。

中門の前に立つと、その雄大さと進んだ技術に圧倒される。現在まで、あまり崩壊せずに当時の姿が残されているのを見ても、その技術力の高さが窺われる。

唐原《とうばる》山城跡

[所在地] 福岡県上毛《こうげ》町

[環　境] 福岡県の最東端に位置し、標高約八〇メートルの丘陵に所在する。周辺の丘陵からは最も北側に突出し、周防灘や山国川に向かって眺望がよい、と報告書にあるが、今は樹木が生い茂って周囲は

唐原山城跡の列石。第三水門から東に上ったところ。列石が寸断されている

見えない。

周辺では縄文時代以前からの遺跡が発見されており、古墳時代では国指定史跡「穴ヶ葉山一号墳」を始めとするいくつかの古墳がある。

[標　高] 三九−八〇メートル（最高所は八三・五メートルで、谷を取り込む形）

[全　長] 一・七キロメートル

[遺跡の内容] 水門三カ所、城門は未確認、建物の礎石有り

第一水門は周防灘に向かって開く谷部に位置し、谷幅は三七メートル、谷奥までの距離は一八〇メートルで、最も規模が大きい。石列は二列あるが、上段は二石を残し、後世に抜き取られている。上段二石のうち、東側の列石前面上部にはL字形切り込みが見られる。水門はアーチ形に見える。

第三水門は階段状に構築されていたと推測され、石材を敷き詰めたテラス状の平坦面を少なくとも一段有する。御所ヶ谷神籠石の中門を思わせる。

水門のある列石の東端部で列石が一・八メートル途切れ、両端にはL字状に石材を並べているので、ここが城門だと考えられるが、後世の水田造成時に改変されたと見られ、確認できない。

標高五四メートル付近の平坦地に礎石がある。礎石列は西側から六石・五石・四石・三石を確認でき、礎石の欠けた場所では根石を確認できた。

［列石・土塁］

土塁は底部に列石を伴わず、版築工法も採用せず、単純な積み土によるもので、高さも十分とは言えない。その後の調査により、これは版築土塁を築くために掘削した土を、一時的に列石の前面に置いていたものと考えられた。それが工事中止のため、そのまま残されたと思われる。

列石は他の神籠石のように列状に並ばず、列石の前面から柱穴は検出されていない。列石線上に位置しない列石は、地山の直上にのったままであることが確認された。ここから、これらの列石は築造時に並べられないまま残されたとみられ、この山城は築造開始後、途中で放棄されたものと考えられている。

第三水門から山頂にかけて、列石が続いていたそうだが、一部を除き残っていない。土地所有者が自分で移動させた、と所有者本人から聞いた。

列石のいくつかは、中世に近くの中津城が築かれるときに抜き取られ、転用されている。

土塁から須恵器の破片が出土しているが、年代は不明。

［その他］

当城跡は周防灘に面した北側から始まり、第一水門を中心とする丘陵北側から東側にかけての列石は完成に近い状態にまで達していたが、先述のように、何らかの理由により、築造が中止された可能性がある。

当城跡は、遺跡発見前から遺跡らしきものがあると地元民の間で伝わっていたが、平成一〇（一九九八）年秋に、土地所有者から発見の報が入ったもので、翌年から発掘調査が行われた。

長門城跡《ながと》

天智四（六六五）年八月に達率答炑春初《とうほんしゅんそ》に築かせたとの記録が『日本書紀』にあるが、所在地は未確認。博多湾から東の玄界灘に面したところでは山城跡は発見されていないので、長門国で、あるとすれば、瀬戸内海側だと思われる。下関市の霊鷲山《りょうじゅせん》（標高二八八メートル）は関門海峡を一望でき、また古くより信仰の山として知られていたこともあり、私は候補地の一つと思っている。

石城山神籠石《いわきさん》

［所在地］山口県光市

［環　境］当城跡は瀬戸内海の周防灘に突き出た熊毛半島の基部近くに位置し、その西側の熊毛浦一帯は、瀬戸内海ルートにおける重要な戦略的要衝の地である。この遺跡の南東に位置する、今の柳井市・田布施町あたりは近世以降に干拓されたもので、それ以前は、古柳井水道という海峡であり、海進と海退により海水面が上昇したり下降したりしていた。したがって、農業生産にも適していなかったが、近くの防府平野がこの地方でも有数の農業地域であるため、これに隣接する環境にあることが、ここを戦略的に重要なものとしたようだ。

このあたりは、多くの旧石器時代後期の遺跡が集中する地域であるが、とりわけ古墳時代は、前方後円墳六基を始め数多くの古墳が集中している。

石城山神籠石の北水門。水門のなかで最も大きい（写真は一部）

石城山神籠石の西水門。３段におよぶ石垣から成っている（光市教育委員会提供）

［標　高］二六〇－三一〇メートル（最高所は高日ヶ岳三五九・七メートルで、五峰が群立する山頂を取り囲む形）。城壁の外郭線は山頂に近い山腹斜面に構築され、北東部が高く、東南部が低い。五峰の標高がほぼ等しく、頂部がなだらかなので、全体的には準平原の様相を呈している。

［全　長］二・五キロメートル

［遺跡の内容］水門四カ所、城門二カ所、建物は未確認

四つの水門のうち、北水門は最大の集水面積を有し、五峰すべての峰からの流水が合流を繰り返しながら一つの流れとなって、北水門から排出されている。西水門は三段におよぶ石塁から構成されているが、全体が下に滑っており、それに伴って、中段・下段の石塁が変形しているように見受けられる。

城門は、北門と東門の二カ所で知られている。このうち北門は、山陽道側に面した眺望のよい位置にあり、緩やかな西側と急斜面の東側の境い目にある。幅四メートルの門道があり、そこに「沓石《くついし》」と呼ばれる四角の門礎が二つ確認されている。

［列石・土塁］

明治四二（一九〇九）年の発見後、直ちに列石が掘り出されたことから、かなりの部分が露出している。列石は築造時には土塁内部に埋設されていた。列石が埋設されていたのは、雨水流水による浸食や風化から土塁の法面《のりめん》下部を守るため、自重による土塁の崩壊を防ぐすべり止めのためなどの理由が考えられている。他には、御所ヶ谷《ごしょがたに》神籠石や大廻《おおめぐり》小廻《こめぐり》山城でも埋設されている。

土塁は山腹の斜面を利用して段状に盛り土している。

［その他］

この遺跡の存在は古くから知られており、江戸時代の元禄年間（一六八八－一七〇四年）に書かれた『石

永納山城跡の山頂を望む。青のシートは発掘調査中である

城神社縁起』にも記述されている。

永納山城跡《えいのうさん》

［所在地］愛媛県西条市・今治市《いまばり》

［環　境］当城跡は高輪半島の付け根にあり、半島先端の来島《くるしま》海峡を敵が通り過ぎるとき死角になる場所にあって、横または背後から襲撃しやすい位置にある。城壁は尾根筋にあり、七カ所にピークがある。尾根筋は起伏が激しい。

当城跡は北の今治平野と南の道前《どうぜん》平野を分断する独立丘陵にあり、瀬戸内海に隣接し、眼下に燧灘《ひうちなだ》を見下ろすことができる。また、西側の麓には南海道が走っており、陸上・海上交通の要衝である。

当城跡周辺では、縄文時代から人の活動の痕跡が見られ、弥生時代になると、南の道前平野に遺跡が広がり、数多くの古墳が造られるようになる。

［標　高］三五―一一〇メートル（最高所は永納山一三二・四メートルであるが、その北西の医王山を取り込んで築かれている）

永納山の中央には南北に延び北に開口する谷があり、城壁はこの谷を取り囲む尾根の外側の斜面を巡っている。

山頂までの途中にビューポイントが三カ所あるが、瀬戸内海や西条市が眼下に見える絶景である。山頂は三六〇度のパノラマ。あいにく曇りで高輪半島の先端までは見えなかったが、晴れていれば航行する船が見えるのだろう。

［全　長］三・二キロメートル

このうち、整備されているのは、世田薬師西側から永納山山頂までである。

［遺跡の内容］水門一カ所、城門一カ所、建物は未確認

水門・城門に至る道は整備されていないので、近づけない。

出土遺物はわずかだが、その中で畿内系土師器の杯は八世紀第二四半期の製作である。この土器は比較的きれいな状態で残っているため、築造時ではなく、その後に持ち込まれ、土塁が崩壊した際、混入したと見られている。

［列石・土塁］

永納山の尾根の斜面には急峻な岩盤が多く露出しており、城壁はその露出した岩盤の間を結ぶように断続的に築かれている。城壁の大部分は版築工法による土塁であるが、一部は石積みもある。

土塁の基底部に列石はあるが、ガッチリと据えられているわけではなく、隙間があり、切り口も整えられていない。

鍛冶関連施設（鍛冶炉・炭置き場など）を確認している（ここと鬼城山のみ）。

山頂に至る途中に土塁があるが、発掘調査途中のためブルーシートが掛けられており、中を見ることはできなかった。また、西条市のマップには山頂を越えてから列石があるように表示されているが、実際には、山頂を越えると道がなく、とても近づけなかった。

[その他]

この山城は、昭和五二（一九七七）年の山火事のあと、現地で遺跡の分布調査をしているときに発見された。

花崗岩質の山で、山頂近くには大きな岩がゴロゴロしている。また、山頂付近は山肌がむき出しで、登ると滑りそうになる。

周囲の山に囲まれた内部は低地で、平坦である。民家が一軒見えたが、この付近に建物の礎石などが埋まっているのではないか。発掘調査が待たれる。

常城《つねのき》城跡

[所在地] 養老三（七一九）年、備後国葦田《あしだ》郡の常城を廃止したとの記事がある（『続日本紀』）。現在の広島県福山市にあたるが、未調査である。

茨　城《いばらのき》城跡

[所在地] 同じく養老三（七一九）年、備後国安那《あな》郡茨城を廃止したとの記事がある（『続日本紀』）。現在の広島県福山市にあたるが、未調査である。

第Ⅰ部で述べたように、この城跡は元々は屯倉であった可能性がある。

服部駅近くから鬼城山を望む

鬼城山《きのじょうさん》（鬼《き》ノ城《のじょう》）

［所在地］岡山県総社市

［環　境］当城跡は中国山地から続く吉備高原の南端に位置し、山頂部分はなだらかだが、周囲は急勾配である。

当城跡の築造当時は、海岸線が現在より内陸に入り込み、山陽新幹線のあたりが海岸線になる。今の児島半島は名前の通り島で、その北岸は「吉備の穴海《あなうみ》」と呼ばれる海域で、瀬戸内航路はここを通っていたと考えられている。

山頂からは総社平野とその向こうに瀬戸内海が見え、人や物の往来を見渡せる。晴れた日には、四国山脈まで見渡せるようだ。

眼下の総社平野には、五世紀に造られた、全国第四位の大きさの造山《つくりやま》古墳や第一〇位の作山《つくりやま》古墳という畿内に匹敵する大きな古墳がある。

［標　高］二九〇－三八〇メートル（最高所は鬼城山四〇二メートルで、鬼城山の八合目から九合目を鉢巻状に一巡している）

［全　長］二・八キロメートル

［遺跡の内容］水門六カ所、城門四カ所、建物の礎石（七棟）あり。五つの谷に貯水池が設けられている。

水門は下半分は石垣を築き、上半分は版築土で造られている。排水の方法には二種類あり、土塁に水を浸み込ませたあと石垣の底から排出する場合と、通水溝を設けて石垣の上から排出する場合がある。石垣の上から排出するのは、城内側と城外側の高低差によるが、これが鬼ノ城の水門の特徴である。

城門四カ所はいずれも大きな掘立柱建物で、門道には床石が敷き詰められ、柱や扉を設置するための穴が施されている。城門四カ所のうち西門が復元されているが、かなり規模の大きな門である。JR吉備線服部駅近くからでも西門が見える。

鬼ノ城の第二水門。石垣の上から排水する構造になっている

城壁は直線で、折れで調整しているが、区間によっては死角ができる。これをなくすために、角楼（張り出し）が築かれている。角楼は高さ三メートル前後と推定されており、城壁の外側に石垣積みで張り出している。戦闘指揮所と考えられている。

礎石のうち四棟は倉庫用である。東門の近くからは鍛冶工房が発見された。

出土遺物は、須恵器だけで三〇〇点以上になり、七世紀後半－八世紀前半のものとされている。

［列石・土塁・石塁］

城壁の大部分は版築工法による土塁で、基底部に列石を敷いている。土塁の高さは五－七メートルあり、壁面は八〇度近い勾配である。城壁の約一割程度は高石垣で大半は南側に集中。水門六カ所も南側に所在。四カ所の城門は東西南北にある。

鬼ノ城の復元された西門。服部駅近くからでも見える

土塁の城内側と城外側に敷石がある。これは平滑に並べられていないので、通路としての利用には適せず、また列石の内側より敷石の方が低くなっていて、城内の雨水をこの敷石で受けるようになっている。このため、この敷石は土塁が雨水による浸食で崩壊するのを防ぐ目的であったと考えられる。土塁と敷石は不可分の存在であろう。敷石を並べるのは、他の山城では見られない。

城外側の列石は一部分被覆しているところがあるが、基本的に正面側は露出している。また、列石は北部九州の切石に比べ、粗削りである。

東の突出部は「屏風折れの石垣」と呼ばれているが、壮観である。この絶壁によくこれだけのものを築いたと、古代人の技術力・労力に感嘆する（一一一頁の写真参照）。

[その他]

古代の総社平野は吉備の中心として栄え、政治・経済・文化・交通の要衝であった。鬼ノ城はその背後に築かれている。

鬼城山の高く険しい山容と巨石の数々は、鬼退治の舞台として古くから親しまれてきた。山城が発見されたのは、昭和四六（一九七一）年であり、その後、発掘調査が行われている。

当城跡は、高石垣を伴う城壁や幾多の防御策を施した城門、城内にある多数の礎石建物跡など、大野城を始めとする朝鮮式山城ときわめて近いものをもっている。そこから、当城跡は朝鮮式山城と同時期か、若干

大廻小廻山城跡にある寺の山門からの眺め。山陽本線が見える

遅れて築造されたとも考えられている。

大廻《おおめぐり》小廻《こめぐり》山城跡

[所在地] 岡山県岡山市

[環　境] 当城跡は、備前の三大中枢地と言われる地域の地理的な中心にある。三大中枢地とは、城跡の南面に広がる上道《じょうとう》平野・南東に広がる邑久《おく》平野・北の旧山陽町域に広がる盆地で、いずれにも弥生時代以降の遺跡や古墳が分布している。

城跡の北の谷には、旧山陽道とは別に古い山陽道が東西に貫いていた可能性があり、そう考えると官道に直結した立地と言える。

[標　高] 八五―一九四メートル（最高所は小廻《こめぐり》山一九九メートルと、その北約三〇〇メートルにあるほぼ同高の大廻《おおめぐり》山で、この二つの山を取り囲んでいる）

[全　長] 約三・二キロメートル

[遺跡の内容] 水門三カ所、城門三カ所、建物は未確認

城壁線が谷を渡る三カ所は、一の木戸・二の木戸・三の木戸と呼ばれており、石塁で、排水施設をもつ水門となっている。

城門は、今も里道が通過する一の木戸の北、三の木戸石塁脇、大廻山と

小廻山の間の鞍部に想定されているが、実態は未確認である。
出土遺物としては、七世紀後半－八世紀前半の須恵器がある。

[土塁・列石]

城壁線の総延長の九八％が土塁である。その大部分は内托《ないたく》土塁のため城内側には壁面がないが、城外側の土塁基部には列石があり、土塁は版築工法によっている。

列石材は、自然石をそのまま用いる場合と、粗く割ったものを用いる場合がある。列石の組み立て方は丁寧で、一段一列に置いているが、糸を張ってそれに合わせて列石を置いたように直線になっている。列石は版築層の内側に埋め込まれていて、当初は露出していなかったと思われる。

土塁前面には柱穴は確認されていないが、城壁線に平行して、深さ数十センチメートルの素掘り溝が認められた。版築盛土部分に雨水が流れ込まないよう配慮したものと考えられる。

[その他]

今の地形から見ると、瀬戸内海から離れすぎているように見えるが、当時は児島半島は島で海が入り込んでいたので、海まで六、七キロメートルの距離であった。また山腹の寺院の山門からは、すぐ下に山陽本線の線路が見え、交通の要衝であったと思われる。

播磨城山城跡《はりまきのやま》

[所在地] 兵庫県たつの市

[環　境] 城山城は、西方の岡山県から延びる、準平原状の地形である吉備高原の東端に位置している。海岸

まで約一三キロメートルと、やや内陸部にあるが、天気がよければ、淡路島や小豆島《しょうどしま》などの瀬戸内の島々を望める。「城山」については、国土地理院の地図には「亀山」と記載され、中世の文献には「木山」とも書かれているが、いずれも「きのやま」と読んでいる。

城山城のある山上からは、弥生時代の土器や石器が発見されており、高地性集落が存在したようだ。東斜面には古墳が数多く築かれている。

[標　高] 五〇－四五八メートル（最高所は城山四五八メートル）。高低差が約四〇〇メートルと、古代山城の中では非常に大きい山城である。

[全　長] 一・三キロメートル

[遺跡の内容] 水門は未確認、城門一カ所、建物礎石有り

山上に門の築石《つきいし》（城門を構成する唐居敷《からいしき》部分）二つと石造物一つが発見され、扉の開閉を止める役割をもっており、ここに城門があったことがわかった。

城山城南斜面にある礎石は大型の石を使用しているので、古代のものと思われるが、中世の可能性もある。また、土段状の遺構（外郭ライン・犬走り）が部分的に確認されている。須恵器と土師器が出土しており、七世紀後半－八世紀後半の製造と考えられている。

[石　塁]

今のところ、西斜面の四カ所で発見されている。最大の石塁は幅四〇メートル、高さ三メートルである。

[その他]

城山城は室町時代の「嘉吉《かきつ》の乱」で滅んだ赤松氏の居城として有名であり、昭和五五（一九八〇）年、赤松氏を供養するために登山した団体が、大きな礎石列を発見したのが最初である。

讃岐城山城跡の城門。ゴルフ場の通路になっている

古代山城としての城山城は、中世に城郭を造る際に破壊されている。発掘調査が進んでいない状況では、各遺構がいつのものか明確になっていない。

讃岐《さぬき》城山《きやま》城跡

[所在地] 香川県坂出市・丸亀市

[環　境] 当城跡は瀬戸大橋に近いところにあり、本州側の岡山県と近い位置にある。岡山県の鬼ノ城・大廻小廻山城と連携して、敵を挟み撃ちすることを考えたのだろうか。

[標　高] 二六〇—三七〇メートル（最高所は城山《きやま》四六二メートルで、山頂を取り囲む形）

[全　長] 内郭三・四キロメートル、外郭四・四キロメートルで、城壁が二重に築かれている

[遺跡の内容] 水門一カ所、城門一カ所、建物は未確認だが、コの字型の門礎が各所に所在

水門は石垣が残り、今も水が少し流れているが、かなり崩壊しており、昔の姿はわからない。水門の左側はゴルフ場（高松カントリー倶楽部）の通路になっている。高さはあまりなく、規模もそれほどでは

なかったと思われる。

城門は石積みで、高さは二・八メートル。石積みと石積みの間は四・四メートルで、今はゴルフ場の通路になっている。石積みの仕方は重箱積みと布積みが混在している。

コの字型に切り込まれた門礎（ホロソ石）が九カ所、その他、礎石と思われる石が数カ所にある。山頂にも礎石のような石がまばらにあり、「楼望《ろうぼう》の礎石」と呼ばれている。恐らく建物があったと思われる。

山頂部西側の平坦地で確認されている礎石から、七世紀末の須恵器が出土した。

讃岐城山城跡のある城山山頂にある楼望の礎石

［石塁・列石・土塁］

内郭の大部分は石塁、外郭は列石を有する土塁、土塁は土を積み上げているが、版築ではない。確認したかったが、道がなく、できなかった。

［その他］

城山は戦後まもなく開拓団により山頂近くが整地され、ゴルフ場になっている。整地の過程で、遺跡の一部が動かされた可能性がある。

山頂からは、讃岐平野や瀬戸内海を一望でき、この場所に山城が築かれた理由がわかる。しかし、城山と次の屋島の間は、直線距離で十数キロメートルしか離れていず、距離が近すぎる。岡山県の鬼ノ城と大廻小廻山城も近いが、こういう近い位置に築かれた理由は何だろうか。

一つは畿内への最後の防御拠点として、全力で敵の侵攻を阻止する構えであったことが考えられる。二つには、敵の進路に近い城山に山城を築いたが、あるいは築きかけたが、屋島の方がより効果が大きいことがわかり、攻撃の拠点を屋島に移したか。恐らく、後者だと思われる。その理由は、両者の城門を比較してみるとわかる。城山のはうが、石を方形に整形し丁寧に積み上げている。屋島の方は崩壊したのを復元しているが、きちんと整形された石はあまり見られない。また、城山のホロソ石の中には、切り込みが下まで貫通していないものがあり、完成していなかったのではないかと推測させる。少ない物証で判断するのは危険であるが、私は城山が先に築かれ、屋島が取って代わったと考えている。

なお、城門や水門などの遺構はゴルフ場の所有地の中にあるので、見学には許可が必要であるが、ゴルフ場の方には大変親切に案内していただいた。

屋嶋城跡。山頂より瀬戸内海を一望できる

屋嶋《やしま》城跡

［所在地］香川県高松市

［環　境］屋島は古代では文字通り島で、メサ地形といって、山頂が平坦で周囲が断崖絶壁となっている。西側から攻めてきた敵は、この島嶼《とうしょ》部を抜けてしまえば、一気に畿内、さらには難波まで攻めることが可能であり、畿内を守る最後の砦となる。

屋島は北嶺と南嶺の二つの山からできており、遺構が確認されているのは、今のところ南嶺山上と標高一〇〇メートルに位置する浦生《うろ》地区である。

[標　高] 一〇〇ー二八〇メートル（最高所は二九二メートルで、山頂を取り囲む形）

眺望は大変よく、瀬戸内海を眼下に見下ろせる。

[全　長] 七キロメートル（南嶺のみでは四キロメートル）

元々の急峻な断崖を自然の要害として巧みに取り込み、断崖が途切れる部分については、人工の城壁で補う構造になっている。谷部など守りが手薄な部分のみ城壁を築造している。人口的な構造物は全体の一割程度に過ぎない。

[遺跡の内容] 水門二カ所、城門一カ所、建物は未確認

水門は北水門と南水門の二カ所が推定されているが、崩落している。

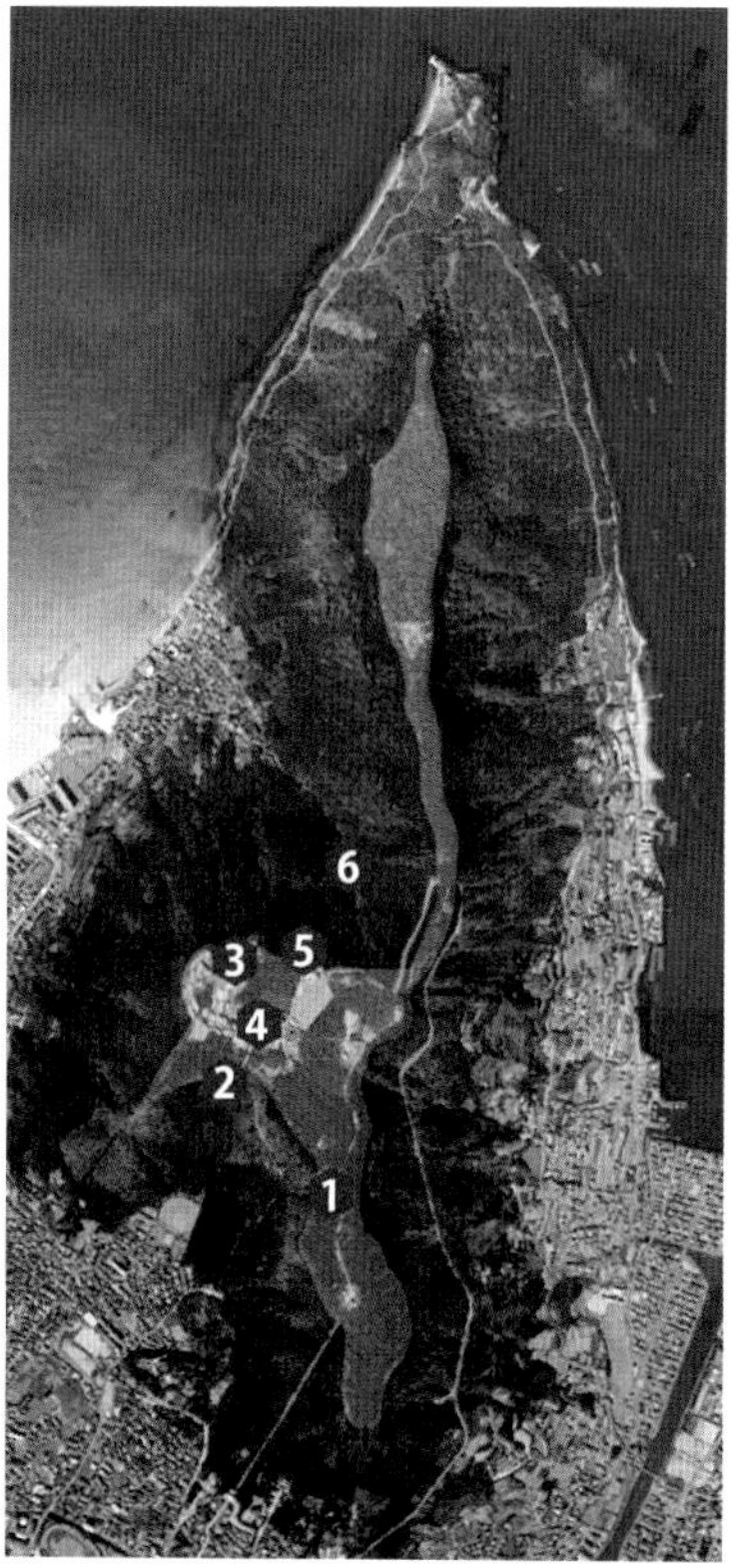

①城門地区　④屋嶋寺周辺
②南水門　⑤北斜面土塁
③北水門　⑥浦生地区

屋嶋城の全体図
（高松市教育委員会許可）

城門は国内最大級の規模をもち、敵に対して両側から攻撃が行える防御上有利な谷奥にある。城門入口に段差を設ける「懸門《けんもん》」構造で、普段は梯子で出入りする。城門への侵入路や城門内部の通路を屈曲させており、防衛のために有利になるようにしている。

城門地区の城壁の石積みが復元

されているが、高さ六、七メートルで、地形に沿って蛇行している様は壮観である。絶壁に近いところによくぞこんな石垣を築き上げたものと、古代人の技術力に感嘆する。ただ、復元前の写真を見ると、原形を留めないほど崩壊しているので、唐の来襲に備えて急ごしらえで造られたことが想像される。

城門の石の大きさ・形はバラバラであるが、基本的には布積みで、横方向に揃えられているように見える。城門床面が急斜面のため、階段状の段差をもっており、その下には暗渠となる排水溝を備えている。

浦生地区の大きな谷を登っていくと堰堤があり、そこから一〇分ほど登ったところに城壁がある。南北方向に五〇メートルにわたり、谷を遮断するかのようだ。城壁は今は崩壊しているが、城壁に至る途中の左側には数カ所低い石垣が残っており、かつては下から城壁まで石垣が続いていたと思われる。城壁の北側には「雉《ち》」と呼ばれる張り出した高台があり、瀬戸内海の眺望がよく利く場所である。

南側には浦生川が流れ、そこに水門があったと考えられ、その横に城門があった可能性が高い。なお、この城壁は屋嶋城の外郭線とは別に造られたもののようだ。あるいは、讃岐城山城のように二重の城壁だったのかもしれない。

建物は未確認であるが、山頂は平坦であり、屋島寺の境内から築造の頃の須恵器が出土しているので、この付近に倉庫などの建物があったと思われる。柱穴は二カ所確認されている。

出土遺物としては、七世紀後半の短頸壺があるが、他にはほとんど発見されていない。

[石塁・列石・土塁]

城門の城壁に使用している石は安山岩であり、石は小ぶりである。神籠石のような大きな石はあまり見られない。

土塁には版築工法は採用されていない。版築を採用しなかったのは、盛り土内の水はけの悪さなどが要因

復元された屋嶋城城門。壮大な構造物で見事である

浦生地区の山中にある石塁

石墨近くにある屋嶋城跡の石碑

で、盛り土の締まりが悪くなると考えられたと推測されている。土塁は浦生から山頂へ登る山道の脇にそれらしきものが見られたが、他には確認できなかった。

[その他]

天智六（六六七）年一一月に築造と『日本書紀』に記載されている。

瀬戸内海に突き出ている屋島の北嶺には遺構が確認されていないが、敵情視察の場としては、こちらの方が適しており、遺構が埋もれている可能性もある。

懸門《けんもん》構造をもつ城門は、鬼ノ城や金田城は入りやすい門に変化しているが、屋嶋城ではそうなっていないこと、出土遺物は少ないが七世紀後半と見られていることから、屋嶋城は比較的早く廃城になったのではないかと考えられている。

屋嶋城本体は早く廃城になったとしても、麓には一〇世紀まで続く官衙的な遺構が見つかっており、山田郡の物資の搬出基地であるとか、後方支援基地のような役割を果たしていたものと考えられている。

浦生地区より屋嶋北嶺を望む。北嶺には遺跡は発見されていない

高安《たかやす》城跡

[所在地] 大阪府八尾市・奈良県平群《へぐり》町・三郷町

[標　高] 不明（最高所は高安山四八八メートルで、東側は信貴山《しぎさん》まで及んでいる）

［全　長］不明
［遺跡の内容］水門と城門は未確認、奈良時代の礎石建物六棟
　二号建物の礎石跡から、数十個分の土師器が出土し、七二〇－七三〇年くらいのものと考えられている。
［列石・土塁］不明
［その他］
　昭和五三（一九七八）年、市民グループ「高安城を探る会」が一つの尾根から六棟分の礎石を発見したのが、高安城発見の契機である。
　高安城は天智六（六六七）年に金田城や屋嶋城とともに築造された（『日本書紀』）が、大宝元（七〇一）年に廃止されている（『続日本紀』）。にもかかわらず、和銅五（七一二）年に元明天皇が行幸している。出土した土師器も七二〇－七三〇年代であり、廃止されたようには見えない。これについては、『続日本紀』の誤り説、平城遷都後の国防策の再編説、遣唐使を派遣した際の友好の証しとしての偽装廃城の説などがある。

高安城跡の石碑。高安山から信貴山に向かう途中にあり、礎石が数カ所ある

三野《みの》城跡

［所在地］福岡市博多区美野島、あるいは宮崎県（日向国児湯《こゆ》郡三納《みのう》＝現・西都市）か？

怡土城跡のある高祖山全景。城跡のある西側から

［環　境］『続日本紀』文武三（六九九）年に大宰府に命じて築造させたとの記事があるが、場所は不明で、福岡市とも宮崎県とも言われている。解説書には、築造ではなく、修理としているのがある。その前年（文武二年）に大宰府に命じて、大野城・基肄城・鞠智城を修理させた記事との関連があるかどうか不明だが、この頃、南九州で隼人の反乱が頻発しており、その征討のために造られたのかもしれない。そうだとすると、他の古代山城とは目的が異なる。

これとは別に、「三野」は「耳納《みのう》」で耳納山地西側の突端にある高良山神籠石のことか、という説もある。

稲積《いなつみ》城跡

［所在地］福岡県糸島市、あるいは鹿児島県（大隅国桑原郡稲積＝現・霧島市）か？

［環　境］『続日本紀』に三野城とともに記載されている。所在地は不明で、福岡県とも、鹿児島県とも言われている。三野城と同じ目的かもしれない。

怡土城跡の第五望楼。今は木が茂って展望はきかないが、木がなければ、眼科に糸島半島や玄界灘を望む絶景であろう

怡土《いと》城跡

［所在地］福岡県糸島市

［環　境］糸島市と福岡市の境にある高祖山《たかす》（標高四一六メートル）の西斜面に築造されている

［全　長］高祖山の西斜面に面的（たすき状）に望楼を設けており、これが中国式山城とされている

［遺跡の内容］北西と南西の尾根に望楼跡が、西の山裾に約二キロメートルの土塁が残っている。また、土塁の外側には、幅一〇―一五メートルの濠の存在が確かめられている。

望楼は一ノ坂礎石群と第一―第五までが確認されているが、いずれも樹木が生い茂っていて、眺望はよくない。礎石がいくつか残っているくらいである。樹木の隙間からは玄界灘が見えるので、本来は見晴らしのよいところであろう。

城内への入口となる門は、大鳥居口と染井口が確認されているが、この他に二カ所推定されている。

水門は開口ではなく、礫石を敷いてそこから排出させる「浸透式」と言われるものだが、確認されず、推定である。

［その他］

奈良時代の天平勝宝八（七五六）年から神護景雲二（七六八）年にかけて、中国に二度渡航経験のある吉《き》備真備《びのまきび》により築造されたが、のち佐伯今毛人《さえきのいまえみし》に交代した（『続日本紀』）。築造の期間と責任者が判明している珍しい城跡である。したがって、他の古代山城とは、築造年代が異なるであろう。また、他の古代山城が百済の亡命将軍が中心になって造られたのに対して、ここは前述のように中国式とされる。

立地条件は「雷山神籠石」に近いが、より海に近いため、こちらの方が条件がよいであろう。

築造理由は、唐の安禄山の乱に対する備えという説と、関係が悪化していた新羅に対するものという説がある。

中世には、この地を治めた原田氏が、怡土城を再利用して高祖城を築いた。

主な参考文献

『日本書紀』Ⅰ－Ⅲ（井上光貞監訳、中央公論新社、二〇〇三年）
『続日本紀』上・中・下（宇治谷孟、講談社、一九九二年）
『京都郡誌』（伊東尾四郎、京都郡役所、一九一九年）
『西日本古代山城の研究』（小田富士雄編、名著出版、一九八五年）
日本の歴史2『王権誕生』（寺沢薫、講談社、二〇〇〇年）
日本の歴史3『大王から天皇へ』（熊谷公男、講談社、二〇〇一年）
戦争の日本史Ⅰ『東アジアの動乱と倭国』（森公章、吉川弘文館　二〇〇六年）
史跡で読む日本の歴史3『古代国家の形成』（森公章編、吉川弘文館、二〇一〇年）
日本の遺跡42『鬼ノ城』（谷山雅彦、同成社、二〇一一年）
『天皇陵の謎を追う』（矢澤高太郎、中央公論新社、二〇一六年）
『土木技術の古代史』（青木敬、歴史文化ライブラリー453 吉川弘文館、二〇一七年）
『よみがえる古代山城』（向井一雄、歴史文化ライブラリー440、吉川弘文館　二〇一七年）
「屋嶋城跡Ⅱ」（高松市教育委員会、二〇〇八年）
「日本古代の山城」（第四回古代山城サミット高松大会実行委員会、二〇一三年）
「屋嶋城が築かれた時代」（高松市・高松市教育委員会、二〇一三年）
「特別史跡　金田城跡Ⅲ」（対馬市教育委員会、二〇〇八年）
「特別史跡　金田城跡Ⅳ」（対馬市教育委員会、二〇一一年）
「鞠智城とその時代2」（熊本県立装飾古墳館分館他、二〇一四年）
「築城技術と遺物から見た古代山城」発表資料集（熊本県教育委員会、二〇一六年）
「徹底追及！大宰府と古代山城の誕生」発表資料集（九州国立博物館など、二〇一七年）
「鞠智城シンポジウム2013　成果報告書」（熊本県教育委員会、二〇一三年）
「鞠智城東京シンポジウム2014　成果報告書」（熊本県教育委員会、二〇一四年）
「鞠智城東京シンポジウム2015　成果報告書」（熊本県教育委員会、二〇一五年）
「鞠智城東京シンポジウム　成果報告書　2016」（熊本県教育委員会、二〇一六年）
『史跡御所ヶ谷神籠石　保存管理計画策定報告書』（行橋市教育委員会、一九九三年）
『史跡御所ヶ谷神籠石Ⅰ」（行橋市教育委員会、二〇〇六年）
「史跡御所ヶ谷神籠石Ⅱ」（行橋市教育委員会、二〇一四年）
「史跡永納山城跡Ⅰ」（西条市教育委員会、二〇〇九年）
「史跡永納山城跡Ⅱ」（西条市教育委員会、二〇一二年）
「鞠智城跡　第二二次調査報告」（熊本県教育委員会、二〇〇

二年）
「国指定史跡　鹿毛馬神籠石」（頴田町教育委員会、一九九八年）
「唐原神籠石Ⅰ」（大平村教育委員会、二〇〇三年）
「唐原山城跡Ⅱ」（大平村教育委員会、二〇〇五年）
「阿志岐城跡　阿志岐城跡確認調査報告書」（筑紫野市教育委員会、二〇〇八年）
「史跡石城山神籠石　保存管理計画策定報告書」（光市教育委員会、二〇一一年）
「女山神籠石」（みやま市教育委員会、二〇一三年）
「大廻小廻山城跡の謎に迫る」（岡山市教育委員会、二〇〇六年）
「第二次特別史跡基肄城跡保存整備基本計画」（基山町、二〇一八年）
各自治体発行のパンフレット　など

おわりに

古代山城について書き終えてから、改めて御所ヶ谷神籠石の中門の前に立ってみると、文章ではとても書き表せないような、いろんな思いにかられる。唐が攻めてくる、という危機感にかられて、あわてて石垣を築いたような跡、その少し前、まだ危機感があまりない頃に築いた石垣は、日本人らしい生真面目さをもって、丁寧にかつ精緻に積み上げられている。

白村江の戦いは、西日本の豪族の軍隊が中心となって、戦った。そのため、西日本の若者たちの多数が、兵士として、この戦いで、命を落としたであろう。

近畿地方の若者たちは、首都を守るために、動員されたと思われる。したがって、白村江以後、古代山城築造に携わったのは、関東や東北地方から動員された防人たちが中心であった、と言われる。

彼らは、遠く九州に来て、どのような気持ちで、この仕事に従事したのであろうか。万葉集には、「ひなくもり碓日の坂を超えしだに妹が恋しく忘らえぬかも」とあり、碓氷《うすい》峠の両側では、別の世界であった。その峠を東から西に越えて、どんなに心細かったであろう。妻を恋しく思うのは当たり前である。また、「韓衣《からころも》裾に取り付き泣く子らを置きてぞ来のや母なしにして」とは、母のない子を残したまま、自分が防人に行ってしまえば、孤児になる。その自分も生きて帰ってくるあてはない。自分に取りすがって泣く子を振り払って来た、という内容で、皆遠い故郷を想いながら、作業をしたのであろう。いつの世も、為政者の誤りのツケを払うのは、庶民であることを感じさせる。

七世紀の半ば、唐が出てきた時点で、倭国が百済を支援したのは、明らかな誤りであった。親百済路線を変える機会は、何度かあった。また、親百済でも、聖明王から援助を求められたときは、ぎりぎりまでのらりくらりかわしていたこともある。それなのに、今回斉明天皇の百済支援の決断は早かった。斉明天皇の死後、中大兄皇子もその路線の変更をしなかった。代替わりを理由に変更するチャンスはあった。これは、朝鮮半島情勢を、先進技術や知識の輸入を第一に考えて対応するという、従来の方針とは異なるもので、いかに百済と親しいとはいえ、唐と戦うことになるという重大局面で、何故このような選択をしたのかよくわからない。

結果は、唐の壁は厚く、惨敗となり、その後数十年にわたって、唐の攻撃に怯えることになった。

日本が島国で、他国からの侵略がほとんどなかったことによるのかどうか、日本人には、外交オンチと思われる対応をすることが何度かあった。一つは、元寇である。元《げん》は日本に通商を求めてきたのに、征服の意図を感じたとはいえ、鎌倉幕府はその使者を斬り捨てたこと。外交の使者を殺すなどとは、昔のこととはいえ、普通の感覚では考えられない。元が怒って攻めてくるのは当たり前で、うまく立ち回っていれば、元寇もなく、鎌倉幕府も滅びなくて済んだかもしれない。逆に貿易の利益を享受できたかもしれないのに残念である。二つ目は、幕末の攘夷運動である。ただこのときは、薩摩や長州は、一旦は外国勢力と戦ったものの、すぐに外国のすぐれた点を認め、方針を転換したので、外国に侵略されることはなかった。幕府の対応もよかったと思う。

三つ目が、太平洋戦争である。これは白村江と似ている。大国アメリカと戦って勝てると思っていなかったことは、いろいろな証言からはっきりしているが、にもかかわらず戦争に突き進んだのは、重大な誤りである。山本五十六がアメリカ相手に一―二年暴れて見せよう、と言ったのは、白村江のとき、倭国の将軍たちが、「我が方が先を争って攻めかかれば、相手はおのずから退却するだろう」と言ったのと、重なって聞こえる。

このように、結果論かもしれないが、冷静に見据えて判断すれば、避けられたであろう国難を、自ら引き起こしてしまうところに、日本人という民族の変わらぬ独断的な気質や無鉄砲さ、あるいは偏狭さといったものを感じる。その最初のものが、白村江の戦いであったと思う。

他方では、平清盛の日宋貿易や足利義満の日明貿易のように、後者は明の臣下となっても、貿易の利を得ることを選んだような人物もいるので、一概には言えないが。

ともあれ、古代山城が造られ、ほとんど使われないまま捨てられたのは、事実である。その当時から生かしようがなかったのだろうが、その状況は現代でもそれほど変わらない。無用の長物と言えるかもしれない。ただ、そうはいっても、できあがったものは、壮大かつ精緻で、一三〇〇年後の私たちを驚かせるに足るものである。博物館に入れたいところだが、大き過ぎてそうもいかない。ならば、行ってみて、その中を歩いてみて、その大きさや古代人の知恵のすばらしさを実感してはどうか。

新型コロナの流行に伴って、会社に出社せずに家庭でパソコンに向かって仕事をする――リモートワークという仕事の形態が浸透している。机についていることによる運動不足は、スポーツジムなどで解消するのだろうが、人間本来の生き方ではあるまい。太古の昔から、人間は自然と共生してきた。自然というのは、都会の公園などではない。木がたくさん生え、鳥や獣たちも住む森林である。

古代山城は、そういう環境にぴったりのものだ。古代山城の中を歩く、といっても、平地が少ないので、坂を上ったり、下りたりの連続であるが、それによって、大自然に育まれている自分を感じる、というのが、人間らしい生き方ではなかろうか。仕事のしかたが変わろうとしている今日、古代山城には、そういった意味で、新たな活用方法が見出せたのではないか、と感じられる。

本書は、古代山城の全体説明と個々の山城の概要とをまとめた本として、恐らく初めてのものではないか、と思っている。この本を頼りに、古代山城に親しんでいただければ、有難いと思う。ちなみに、御所ヶ谷神籠石の場合、山裾の住吉池駐車場から中門を経て、御所ヶ岳山頂に達し、尾根伝いに馬ヶ岳山頂を通り、東側の階段を下りて、大谷から山裾を歩いて住吉池駐車場まで戻るコースは約三時間である。数年前、ＮＨＫの大河ドラマ「黒田官兵衛」の放映時には、多くの人が来ていたが、今でも時々歩いているのを見かける。それほど高い山ではないので、ハイキングコースとして、ちょうどよいと思っている。是非古代の人たちに想いを馳せながら、歩いていただきたいと思う。

最後に、本書の出版にあたり、行橋市教育委員会文化課参事小川秀樹氏、海鳥社の杉本雅子社長始め、担当の方々には大変お世話になりました。この場を借りて、お礼申し上げます。

二〇二〇年一二月

江藤一郎

御所ヶ谷神籠石の中門（冬）
いつ見ても荘厳な雰囲気で、見る者を圧倒する。古代遺跡のシンボルと言えるものである

江藤一郎（えとう・いちろう）
1953年福岡県行橋市生まれ。1976年、
京都大学法学部卒業後、東陶機器株式
会社（現・TOTO 株式会社）に入社。
滋賀工場長を最後に退職。

古代山城《こだいやまじろ》へのいざない
■
2021年10月15日　第1刷発行
■
著者　江藤一郎
発行者　杉本雅子
発行所　有限会社海鳥社
〒812-0023　福岡市博多区奈良屋町13番4号
電話092(272)0120　FAX092(272)0121
印刷・製本　シナノ書籍印刷
ISBN978-4-86656-107-3
http://www.kaichosha-f.co.jp
［定価は表紙カバーに表示］